爆品文案

王昕明 著

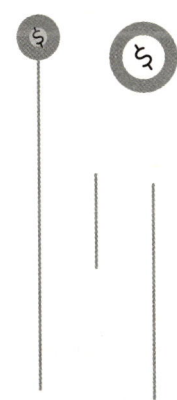

中国商业出版社

图书在版编目（CIP）数据

爆品文案 / 王昕明著. -- 北京：中国商业出版社，2019.12

ISBN 978-7-5208-1042-5

Ⅰ.①爆… Ⅱ.①王… Ⅲ.①广告文案—写作 Ⅳ.①F713.812

中国版本图书馆CIP数据核字（2019）第271213号

责任编辑：朱丽丽

中国商业出版社出版发行
010-63180647　www.c-cbook.com
（100053　北京广安门内报国寺1号）
新 华 书 店 经 销
河北盛世彩捷印刷有限公司印刷
＊ ＊ ＊
880毫米×1230毫米　32开　8印张　154千字
2020年2月第1版　2020年2月第1次印刷
定价：42.00元
＊ ＊ ＊ ＊
（如有印装质量问题可更换）

◇ 序

随着新媒体产业的快速发展，各种新媒体形式不断增多，短视频已经成为当前媒体环境中一种流行的信息传播方式。有市场就有商机，一些企业抓住机遇，将短视频变现，获得了较高的利润。机会很重要，方法更重要，除了技术和管理之外，还要运用智慧才能实现商业目标。特别是当前的短视频市场炙手可热，利润空间越来越大，但是变现难度越来越高。因此，良好的运营方式是极其重要的。任何行业都是从偶然向必然发展的，短视频行业化之后，从业余走向了专业化的发展道路，在视频的制作上也逐步开始强调专业性。

随着生活节奏越来越快，我们的时间也越来越碎片化，人们更愿意去关注一些"短平快"的信息载体，短视频应运而生，它已成为一种极具粉丝吸引力和发展潜力的新媒体表达方式。短视频产业的爆炸式发展，使得各种功能各异的短视频应用层出不穷，各具特色的优秀短视频运营商相继涌现。品牌和资本进入了短视频产业发展的风口，短视频产业正处于重要的发展时期。相关数据显示，广告主预算将持续向移动端倾斜,PC端进一步减少。在移动端,广告主的主要投放渠道为移动社交和移动视频。

目前,由于很多个人和公司对短视频不熟悉,在短视频运营方面经验不足,在短视频的创作和发布推广过程中容易出现一些问题。特别是一些短视频的创作者过于草率地制作和投放短视频,没有认识到文案的重要性。如果想要吸引更多的粉丝,收获更多的点赞和评论,那么优秀的短视频文案是不可或缺的。除此之外,短视频变现是一个极其重要的拐点,也是短视频营销是否成功的关键一环,这一切都需要在文案创作中着重思考。只有在文案上充分考虑用户的需求,抓住粉丝痛点,营造使用场景,细节描写更生动,让视频更真实、更有感染力,才能吸引更多的粉丝,最终实现短视频变现。

本书对短视频文案以及内容变现方面的问题进行了较为深入的研究,并对不同平台的特点及运营策略予以分析,提出了切实可行的操作手段,帮助更多个人和公司实现短视频良性运营,获得更多的粉丝,继而完成预期的变现目标。

目 录

第 1 章 互联网时代，文案就是内容营销

01 短视频风口已来，引爆下一波流量红利 · 003
02 短视频 VS 长视频 · 007
03 短视频带来的发展机遇 · 011
04 短视频的变现模式有哪些 · 015
05 明确需求定位，找准发展蓝海 · 019
06 短视频+，给你更多可能性 · 023
07 打造爆款短视频，文案是关键 · 027
08 短视频时代，传统文案如何进行转型 · 032

第 2 章 段子思维是文案创作的基本功

01 文案也是个技术活 · 039
02 文案要懂得撒娇卖萌 · 044
03 文案要具备段子思维，但不能成为段子手 · 047
04 在自黑自毁中传递真情 · 051

05 巧设趣味情节抓人眼球 · 055
06 有效增强短视频的创意 · 059
07 抓不住根本法则,再多玩法也是白费 · 062

第 3 章　文案要融合画面、音乐,快速刺激大众的情感

01 确定视频调性,找到最适合的内容方向与形式 · 069
02 内容定位:"颜值派"转向"内涵派" · 073
03 融入价值情感,让文案内容更有深意 · 077
04 选择适合文案内容与风格的音乐背景 · 082
05 短视频的快慢节奏要与情境和主题相符 · 086
06 深度垂直,用心完善每个细节 · 089
07 做好内容规划,让你的短视频粉丝暴涨 · 092
08 打造爆款短视频内容的 7 字真言 · 095

第 4 章　互动性是文案创作的新方向

01 抛弃流量思维,提升粉丝忠诚度 · 101
02 传递价值要有料、有趣 · 105
03 运用第一人称提升信服感 · 109
04 持续输出走心真实的短视频 · 113
05 激起共鸣,用户热衷观看 · 116
06 讲故事要注重场景,植入勿生硬 · 120
07 充分互动,让用户找到归属感 · 123
08 时刻关注粉丝需求,及时参与回复 · 127

09 持续推出粉丝参与制作的话题和活动 · 131

10 为忠诚用户提供高附加价值 · 135

11 用情感驱动连接用户 · 139

12 保持高格调，打造垂直 PGC · 143

第 5 章 短视频带货，场景营销的文案架构

01 营销场景化，激发消费者的购买欲 · 149

02 打造专属的短视频生态圈 · 154

03 如何设计你的短视频名片 · 159

04 快速收集素材的方法 · 163

05 关注热门，自带流量 · 167

06 多样场景，形象呈现 · 171

07 反转剧情，更感惊奇 · 174

08 提升演技，让品牌展示更生动形象 · 177

09 软性植入才更无违和感 · 181

10 秀科技，让你的产品更有说服力 · 185

第 6 章 短视频变现实操，掘金网红经济时代

01 短视频卖货，选品很重要 · 191

02 短视频平台导流微信，挖掘精准用户 · 196

03 短视频＋直播，卖货、打赏两不误 · 200

04 卖货短视频的推广技巧 · 204

05 推陈出新，不断放大现有品牌 · 208

06 不可触碰的短视频红线 · 212

07 向超级 IP 方向迈进 · 217

附录：主要短视频平台发展概况及运营策略

01 抖音：记录美好生活 · 223

02 快手：记录世界，记录你 · 228

03 火山：让世界为你点赞 · 232

04 微视：发现更有趣 · 236

05 西瓜：给你新鲜好看 · 240

06 美拍：在美拍，每天都有新收获 · 244

第1章
互联网时代,文案就是内容营销

◇ 01 短视频风口已来，引爆下一波流量红利

随着移动互联网持续进行提速降费，流量、资费、终端等问题都已经得到解决。在视频移动化、资讯视频化和视频社交化的趋势带动下，短视频已经成为继文字、图片、传统长视频之后一种新兴的内容传播载体。短视频是门槛比较低的媒介，短视频的时长一般在5分钟以下，制作门槛低，非常容易上手。普通用户只需要使用手机拍摄视频就可以上传，与短视频平台的用户共享。

对于现在的年轻人来说，他们真正消费的是泛娱乐行业，包括明星、旅游、美食……但是由于人们生活节奏不断加快，时间也被切割得越来越零碎，传统的图文形式对人们的吸引力越来越小，这使得新媒体必须挖空心思通过短视频来引起用户的注意。短视频时间非常短，但是表现力很强，人们付出的时间成本也较低。因此，在注意力缺失、时间碎片化的社会，短视频应用的出现恰好满足了人们希望通过碎片化的方式获取资讯与社交的需求。

短视频播放方便，但是目的性很强。短视频虽然只有十几秒的时间，但是它使得人与人之间的沟通不再局限于文字，最大限度地

发挥了视频的情感连接作用。我们可以在任何一个时间段把手机拿出来看短视频，15秒、1分钟，快速地消化这个碎片化时间。但我们无法在这样的碎片化时间里看一篇长的文章、漫画集甚至电视剧。

从2017年开始，短视频行业全面爆发，秒拍、快手、西瓜视频、抖音等短视频平台用户人数在这一年实现了爆发性增长。相关数据显示，在2017年，短视频总播放量以平均每月10%的速度增长，短视频月活跃用户超过4亿。到2019年，短视频依然保持高速增长的态势，用户数量已经高达6.4亿。随着短视频用户的急剧增长，短视频创作者也越来越多，短视频的覆盖范围也在不断扩张，影响力越来越大，短视频行业已经成为最新的流量聚集地。

短视频正如前几年火爆的直播平台一样，已经迎来了风口。相对而言，经过精心制作的短视频更容易引起人们的二次传播，更容易形成爆款，也更容易产生商业价值。

怀揣梦想的大学生小红到四川成都找工作，没想到道路比她想象的要艰辛得多。她发简历，被拒绝了，即便有机会接受了面试，还是被拒绝了。她很沮丧，在成都地铁1号线录制了短视频，仅仅7秒钟，这段名为"成都，留下我吧！"的短视频就引起了很多人的共鸣，许多网友为她加油，鼓励她再次站起来。成都的地铁ID转发了这段视频，而且还做了评论。小红为了表达自己的心声和情绪，随意发布的短视频，没想到获得了10多万条的回应，超过了8万条的好评。

著名互联网趋势预言家凯文凯利曾经说过，如果你已经拥有了1000名粉丝，且愿意为你的产品买单，就意味着你是生活的赢家。随着短视频越来越火爆，无论是个人还是商家纷纷跟进，想要在短视频行业分一杯羹。短视频已经成为各大品牌营销最青睐的领地。

短视频营销是变现的主要渠道，由于短视频对营销市场有很强的适应性，运用灵活，可以满足各种营销需求；短视频的一个重要优势是用简短的内容与用户深度沟通，通过互动的方式吸引用户的注意，之后在传播声量上产生强大的肥尾效应，使得信息展示更有深度。

2018年，短视频平台抖音正式推出了电商购物车功能，达到条件的用户，可以自主开通抖音购物车。据某服装品牌介绍，该品牌在开通抖音购物车后，"双12"当天交易额比2017年增长了170%，其中大约70%的消费者来自抖音。曾经在抖音上爆火的"答案茶"，刚开始只是一个很小的店面，通过抖音短视频，在极短的时间内全民皆知，可谓是"一条抖音带火了一个品牌"，无数人想要加盟，商家赚得盆满钵满。

除了商家之外，许多个人用户也纷纷开通商品橱窗，通过短视频带货来赚取佣金。在2018年"双十一"之前，短视频平台快手发起了一个电商节，有一位名为"散打哥"的主播一天时间卖了价值1.6亿元的货物。抖音上被称为"口红一哥"的李佳琦，更是与马云PK直播卖口红，仅仅5分钟的时间，就卖出了15000支。

无论是对于商家还是个人来讲，短视频带货的价值不容小觑。一条抖音可以让无人问津的小店门前排起长龙，可以让淘宝上常见的商品卖断货，让普通人一夜之间身价暴涨，从默默无闻成为网络红人……

现在短视频正处于风口上，随着短视频普通用户和入住商家越来越多，竞争也越来越激烈。内容营销的时代已经宣告来临。用户观看短视频不再仅仅是娱乐放松的需求，而是要增长知识，也是兴趣使然。越来越多的用户希望通过短视频游览世界，获得更多的知识，掌握更多的技能，并在自己的生活中运用，提高生活质量。

短视频变现，内容是基础。任何的平台都有自己的运行规则，短视频也是如此。短视频变现需要流量扶持，让视频成为爆款视频，更容易曝光。维持流量需要建立在满足用户实时需要的基础上，这就需要文案创作者发挥自己的优势，通过对粉丝群体进行调查，研究近期热点，明确用户热衷观看哪一类视频，创作出质量优良、让粉丝喜爱的脚本文案来。

◇ 02 短视频 VS 长视频

在过去的两年里,短视频和直播网络广播平台正处于"风口"。快手、抖音的势头都非常强劲。现在,网络巨头BAT也加入了,百度更是推出了视觉良好的短视频,阿里巴巴将土豆网络变成了短视频平台,腾讯的微视频也启动了。回首看,曾经炙手可热的长视频平台,如优酷、腾讯视频以及爱奇艺视频等渐渐显得冷清了。思考这种现象,不难发现,这其实是一种很正常的社会现象。

现在,有些人没有时间在电影院看电影,甚至看电视的时间都没有,哪里还会有很长的时间看长视频呢?

短视频的出现,改变了很多人的娱乐方式。每天看一看短视频、翻一翻微信朋友圈,是很多人的生活常态。很多人上班时间压力很大,工作很忙,下班之后,看新闻、刷短视频就成了最好的减压方式。和长视频相比,短视频在互动和社交方面更强大,是短视频用户表达自我的一种方式。与长视频相比,短视频的分发方式也更容易让更多的粉丝看到。

短视频的特点是短小精悍,内容突出重点,人们可以利用零碎的时间通过观看短视频娱乐自己。一段视频只有几秒钟,长一点的短视频也就几分钟,很快就播放结束,内容简单而且完整,观看的人不需要费太多时间、耐着性子观看。这种视频播放形式是非常适合当今快节奏的生活形态的。

长视频平台属于PC时代。当时,人们在电脑上看视频,屏幕很大,画面清晰。没人会想到以后他们会在手机上看视频。如今,除了上班族之外,人们已经很少使用电脑。他们在手机上看视频,或者使用平板看视频。手机或者平板一举起来就可以看,非常方便。靠在沙发上,放在枕头上,即便是上班的路上在公交车上也能看,非常方便。

当然,手机或平板的屏幕有限,不像电脑的大屏幕那样令人有更愉快的观看体验,但人们就是乐于用这种方式观看视频,不会受到环境的限制,很惬意。

小张喜欢在课余时间看微短剧,仅仅是课间的十分钟时间,他就看了两集《史密私》微短剧。他很喜欢这样度过课余时间,可以让自己更加放松。与随机表演或在短视频主题分享有所不同,迷你剧在设计中更加巧妙,情节非常完整,结构也更加精巧。这种迷你剧要获得的效果是在一瞬间给人以欢笑,给人留下深刻的印象。

正如二更创始人丁丰所说:"短视频从萌芽到爆发,未来五到十年都是黄金期。"现在的一些企业也开始进军短视频领域,通过短视频来进行产品和品牌宣传,这些视频往往都时间不长,剧情完整,宣传的产品突出，很受消费者欢迎。

传统的长视频平台，比如，优酷、爱奇艺等等为了提高竞争力，也向短视频领域进军。由"辣目洋子"主演的《生活对我下手了》，很快就登上了爱奇艺热播排行榜的前10名。2018年，国内一家漫画平台还推出了一部微短剧《颜冬先生别过来》，仅有4分钟的时间。优酷为了提高短视频的质量，还推出了付费分账模式。

在短视频领域——"每个人都是生活的导演"这句广告语其实并不夸张。短视频和长视频相比，内容的生产成本、生产人群、生产工具、产出的丰富性上都远远优于长视频。拍摄长视频，往往需要更长时间的准备，无论是人力成本、时间成本还是资金成本，都要比短视频高得多。拍摄长视频需要导演、演员、剧本、摄像、剪辑等多方面的配合。如今，坐拥450万微博粉丝的"办公室小野"的视频就是用一台最普通的iPhone。

除了拍摄工具更简单、成本更低外，剪辑和特效工具也变得非常简单。从滤镜到字幕，从AR特效到回放，从混剪到声音处理，都可以在手机上完成。当然能够持续生产优质短视频内容的毕竟属于少数，能像papi酱这样持续生产内容的博主万里挑一，背后的原因是看似这短短两三分钟，其背后镜头的转换、文案的编写、表情的拿捏、氛围的营造、节奏的把控、后期的剪辑是一个费时费力的复杂工程，这也是为什么papi酱需要很多个工作日才能更新一条的原因。但是即使如此，短视频所花费的成本也只有长视频的几十分之一，甚至几百分之一。

观看短视频系列，只需点个外卖的时间，等车的时间。一个完整的故事可以在几分钟内看完，这符合"碎片化"信息传播的特点，可以迅速填补一些年轻人的生活空白，让年轻人的生活更加充实。

长视频虽然已经被定性成了"夕阳产业"，行业排名也已经定型，但是这并不意味着长视频将被淘汰，其依然有着自己的优势。短视频存在优点的同时，也有其缺点，即留存率太低。火得快，凉得也很快。无论是长视频还是短视频，最重要的依然是脚本文案，只有创作出优秀的脚本文案，才能让视频更有吸引力。

◇ 03 短视频带来的发展机遇

视频不是面向公众的新产品，而是媒体领域中的成员，伴随着媒体向各个领域渗透，其价值得以充分发挥。

在传统媒体时代，电视是重要的视频传播渠道，而在互联网时代，视频网站是普遍应用的传播渠道。受到传播渠道和技术的专业性的限制，视频内容在市场营销水平上一直不温不火，但在内容表达上有明显的优势。例如，当文案的内容以视频形式表现时，它还包括声音、图像和文本，这些都会对观众产生观感的冲击力，特别是视频对观众有很强的视觉冲击力，配以声频和文字说明，可以获得三维冲击效应。

智能手机和光纤的普及，使得每个人都可以通过手机在线存储视频，根据自己的喜好和习惯观看视频。随着社交媒体的出现和技术的迭代，用户有更多的渠道观看视频。特别是在社交媒体中，用户对快餐内容的习惯极大地改变了视频内容的长度。传统的长视频不再受到欢迎，短视频就这样火了起来。短视频作为一种新的传播渠道和平台，无疑为企业增加了新的营销渠道。由于社交媒体渠道越来越流畅，短视频内容的跨平台传播、多平台传播也变得尤为普遍。

短视频创作非常简单。抖音平台上的"经典情诗"发布的短视频，只不过是将一些古今中外著名文学家的情话和照片制作成视频，轻松吸引了140多万粉丝。短视频的浏览量和点击率往往都非常高，有的抖音号虽然只有三四十万的粉丝，但是其商品橱窗中的浏览量却高达数万，可见其带货能力非常强。短视频的运营推广成本也非常低，"企鹅妈妈"这个抖音号所有的视频都是通过自拍的形式，讲述自己从生孩子到养孩子过程中遇到的事情，并发表自己的看法。目前，"企鹅妈妈"已经有了46万粉丝，总点赞量为300多万，她的商品橱窗里推荐的商品都是母婴用品。她在"抖音618"期间日均带货50万元，这比电商通过传统付费推广的客流量更大，而且成本更低，极大地降低了店铺的运营成本。

传统的互联网术语和生产内容都不适合在短视频中出现，主要是这些内容会导致视频复杂化，这就需要对内容精简。在短视频文案创作中，可以从多个维度创作，从不同的角度展示产品，突出品牌，将产品与现实建立关联性联系，之后对视频进行处理。文案的内容起到宣传作用，通过视频的宣传推广，企业的产品得到了全方位的宣传，受到消费者欢迎，企业效益也得到了提升。短视频文案不是一个，而是一系列的，且内容要有连贯性。传统广告、公共关系、纪录片、电影、电视台等领域的所谓专业策划人和电影制片人不适合这种模式，因为短视频的模式需要不断调整，不需要摄影师有丰富的经验，也不需要有深刻的思想，但是要有创造力，能够将观众的激情激发起来，引导观众用行动证明自己——即购买产品。

短视频的普及，给企业和个人带来了发展机遇，主要体现在如下方面。

1. 原创短视频宣传效果更好。许多商家已经意识到，在短视频平台上创建一个垂直于自身行业的数字平台是非常必要的。产品宣传的数字化，而且以视频的方式播出，可以持续地制作大量原创的短视频，产品的信息可以准确地传播。所播出的视频内容包括如何使用自己的产品，产品在现实中的各种实际应用场景，产品在现实中解决的需求以及可能存在的问题等，并具有针对性地提出解决方案。这些内容可以在大量原创短片中显示，宣传内容更加真实，效果更好。在视频平台上搜索关键词，就可以查到广告视频，绝大多数人都会使用，对于企业而言，这种宣传方式是有价值的，而且产品最好的方面将通过短片被展示出来。

2. 将用户的好奇心激发起来。短视频已经不是新事物了，但是丰富多彩的播放内容总是会令人产生耳目一新之感。所以，短视频给企业的产品宣传带来了机遇。由于社交媒体已经存在了很长一段时间，一些用户已经厌倦了传统的社交媒体，长视频不适合用于广告宣传，因此，多数的企业喜欢短视频，这也是大多数用户的共同特点。同时，视频对产品的宣传是碎片化的，短短的几秒钟就可以让用户了解产品的优势。用户分散在不同的媒体角落，使用智能手机操作即可。

当然，用户对内容质量的要求越来越高，这就需要在方案上多下功夫。企业很难通过营销中的常规内容来吸引和激励用户，使用短视频平台的同时，还要对宣传内容进行不断地翻新。但是在一个新的媒体平台出现后，用户会好奇地去理解和使用它，短视频就可以利用这样的媒体环境更新宣传状态，给用户以惊喜。目前，不仅有大量企业在使用短视频，而且覆盖了一批"90后"和"00后"的年轻用户，短视频用户数量仍在增加，却没有达到高峰。有的企业已经注重到短视频是营销的好战场，其为企业创造了不可多得的营销机会。

3. 短视频对于个人用户而言，不仅丰富了人们的生活，也给个人带来了发展的机遇。短视频平台去中心化让每个参与者都有发声的机会，每个人都有机会让自己爆红，拥有百万粉丝甚至千万粉丝。有了流量之后，如果能够运营得好，那么就有机会变现。比如，短视频带货，内容频次非常高，让潜在的消费者有机会看到这些内容，而且愿意重复观看。采用这种方法，带货的力量是非常大的。比如，抖音短视频平台上的"正善牛肉哥"，粉丝有300多万，仅仅在"抖音618"就卖了100万瓶葡萄酒，10万箱啤酒，20万片牛排。

每个手持智能手机用户的使用和参与程度都会有所不同，对短视频的兴趣点也有所不同。移动网络的快速普及，而且技术上不断升级，促进了用户在线需求的迭代升级，为短视频的快速发展提供了土壤。对于企业和个人而言，面对如此巨大的短视频发展潜力，未来的短视频宣传效应是难以想象的。

◇ 04 短视频的变现模式有哪些

短视频可以采用快速美化编辑，随时随地将宣传广告在主流社交平台上分享。纵观国内短视频市场，一方面，手机出货量的快速增长和网络的普及为短视频市场提供了适宜的生存土壤。另一方面，消费者行为从互联网向移动互联网的转变加速了短视频市场的扩张。由于移动互联网的独特环境和流动性，各大企业和投资平台在短视频领域投入了大量资金和精力，形成了完整的生产链和传播链。他们不仅有专门的内容制作组织，还有专门的平台制作组织。

短视频变现的方式有多种，可以电商变现，可以知识付费，可以为商家打广告，可以采用直播的方式变现，还可以利用网红衍生价值变现，打造个人IP是比较常用的方法。

电商变现，就是在短视频平台通过带货等方式进行变现。在选择产品上，要强调自身特色，突出自身优势，打造属于自己的IP，提高产品的竞争力。

接广告，个人用户如果做的是垂直领域的视频，比如美妆、图书、测评等，粉丝黏度比较高，粉丝数量多，评论转发数也都很多，那么就可以选择这种方式。植入方式往往是通过比较巧妙的软植入进行合作营销。

知识付费这种方式,通常经验丰富的人会采用这种变现方法,从自身的一些经验出发变现,将专业知识与粉丝分享,感兴趣的或者志同道合的粉丝就可以为观看内容买单,如教育培训、舞蹈培训、宝妈训练营等。

直播是很多人使用的方法,建立在粉丝数量达到一定程度的基础上,至少要几万或者几十万粉丝。采用直播的方法对个人的表现能力有严格的要求,所以要认真思考,最好是与经验丰富的人合作。

网红衍生价值变现,打造个人IP这种方式主要作用于转型的网红。用转型的方式获得衍生价值,目前已经呈现出明星网红化的趋势,短视频红人能够朝着个人IP方向发展。

此外,实力雄厚的企业还可以与短视频平台合作,发起短视频挑战赛活动,通过提炼品牌特色,找到用户的兴趣点来发布相关的话题,实现产品大面积曝光。如手游《不休的乌拉拉》与抖音平台合作发起的"玩乌拉拉的千种姿势"。

目前,主流的变现方式为电商变现,在电商变现上,目前做得最好的是抖音。我们以抖音为例,具体介绍电商变现的几种方式。

1. 企业用户添加外链,跳转到店铺。抖音上的企业用户可以在个人主页上设置一个外链跳转,用户点击后可以直接跳转到店铺页面,然后下单购买产品。比如,在骆驼户外用品有限公司的抖音官方账号主页中，可以看到一个黄色"官网链接"标签，点击该链接就可以跳转到骆驼户外官方旗舰店主页中，用户可以直接在这里挑选商品后下单购买。

2. 抖音商品橱窗，直接销售产品。淘宝、京东、唯品会的网店商家可以将自己的产品添加到精选联盟之中，并设定好佣金，用户就可以通过开通商品橱窗进行在线卖货。对于商家来说，商家不用自己发布短视频进行推广，只需要付出佣金，就可以吸引相当多的用户来创作短视频宣传自己的产品。对于个人用户来说，通过拍摄爆款短视频，来吸引足够多的粉丝，引导他们购买商品，可以赚取一定的佣金。目前，抖音平台上大部分普通用户、网红和明星都是用这种方式来带货变现。很多百万粉丝的抖音号都成了名副其实的"带货达人"，捧红了很多商品，自己也赚得盆满钵满。比如，抖音上以"一分钟get一本好书"为标签的"说书哥哥"，他在短视频中用一分钟的时间很专业地对书进行简单介绍，完播率和转化率都很高，通过商品橱窗带火了很多书。

3. 开通抖音小店，无须跳转外链即可售卖商品。抖音不仅与淘宝、京东等商家合作，还上线了抖音小店，开辟了自己的卖货平台。无论是个人商家还是企业都可以申请开通抖音小店，通过抖音小店可以直接售卖商品，无须再跳转外链，直接在抖音内部实现电商闭环，让个人商家和企业更快变现，也给用户带来很好的购物体验。

除了线上的电商变现外，短视频还可以吸引粉丝前往线下门店进行消费。一些美食类的短视频达人也可以在视频中对商家进行推荐，赚取一定的推广费用。商家也可以邀请一些"网红"直接到店拍摄试吃短视频，通过这种方式来吸引更多的消费者。

无论是商家还是个人，想要通过短视频变现，一定要在前期将短视频内容做好，吸引到足够多的粉丝。否则，即使渠道再多、再广，没有足够多的人关注，也无法实现变现的目的。

◇ 05 明确需求定位，找准发展蓝海

在短视频文案创作的时候，要明确目标用户群是什么样的，文案的内容要满足目标用户群的需要。具体而言，可以通过分析竞品账号，与典型目标用户之间建立沟通渠道，经常针对用户关心的问题进行讨论，还可以采用访谈的方式获得目标用户的需求信息。需求定位不是一步到位，需要不断地调整。但在开始的时候，必须有一个方向，避免文案创作漫无目的。只有在一定的基础上不断地完善文案的内容，重复的试错，才能有价值。没有方向的试错是在浪费时间和精力。

个人拍摄短视频，内容很重要，音乐更不可以忽视。短视频只有带动粉丝的情感，才能提高吸引力，起到带货效应。音乐有情感带动力，直接影响粉丝的情绪。拍摄短视频的时候，要酝酿情感，选用恰当的音乐渲染气氛，将内容烘托出来，对与产品相关的信息予以强调、放大，之后转移到粉丝，让粉丝感到产品正是自己所需要的。在交代背景的时候不要忘了营造悬念，将短视频的内容过渡到粉丝的需求，随着粉丝的情感被带动起来，短视频逐渐进入到带货的轨道。音乐与内容之间要自然协调，不能突然出现。短视频带货，还可以将"文件"变成"故事"，用故事带动粉丝的情感，吸引他们购买产品。

在文案设计中，将故事大纲拟出来，当然不是强调故事本身，而是更多地考虑如何吸引观众，引导他们按照你的思路去审视产品，对产品表示认可，将故事推向高潮，粉丝购买的欲望也被激发起来。注意产品要与故事的情节融合，按照故事的脉络来安排素材。短视频的镜头拍摄非常重要，要充分考虑到粉丝的观察顺序设定场景，通过镜头切换，调整焦距，将产品最好的一面体现出来。在短视频场景中，旁白和字幕也是不可或缺的。虽然一些短视频不主张使用旁白或者字幕，但是要让粉丝认清产品，对产品准确定位，采用这种强调方式是非常有好处的，配合使用背景音乐或者声音，引起粉丝的关注。

对短视频粉丝中购买产品的群体准确定位，是短视频内容设计中重要的一个环节。短视频要起到带货效应，就要知道产品适合哪个群体，视频的节目正是这个群体所喜欢的，才能让他们看下去，而且重复地看，逐渐地对产品产生深刻的印象。由此可见，短视频的作用就是指导粉丝喜欢看短视频，满足他们的购买需求。

短视频粉丝中，年轻人比较多，同时年轻人也比较有购买力。年轻人时间多，短视频的内容新颖丰富，对年轻人是非常有吸引力的。只要他们在短视频中找到自己所需要的产品，或者认为是自己需要的产品，就会产生购买意向，在短视频的强化引导下，很快下单。短视频播放节目的同时还可以赚钱,何乐而不为呢?短视频的操作简单,拍摄是最重要的,一个视频能够吸引人,需要拍摄+剪辑,还要做好后期制作,将文案内容用最美的方式体现出来,这是非常重要的。做短视频带货,学会制作短视频是关键。可以选择一家专门从事短视频运营平台,学习一些短视频制作技巧,对成功的短视频进行分析,将运营方案整理出来。要了解带货是什么?如何带货才能成功?自己最适合带哪种类型的货?如何通过短视频将产品的特点和优势体现出来?这些都需要掌握技巧,并不是运用知名的短视频平台就能带货的,更为重要的是适合自己。具体可以采用如下做法。

1. 账号定位。短视频带货,账号定位很重要。对竞争力很强的产品要进行分析,对竞品的团队规模、产品的制作流程、选题的方向、目标用户群所具备的特征以及变现和转换等都要作出推测,基于此,分析粉丝操作的方法。要将这些工作做好,文案创作者仅仅靠主观臆测是不够的,而是要不断实践,将短视频操作程序制定出来,还要进行修补和完善。在整个操作过程中,对方的短视频运营思路就逐渐清晰了。当然,也可以直接搜索对方的相关信息或者向运营的工作人员询问也可以获得需要的信息。

制作短视频的时候,首先要将定位账号做好。如果是个人,在账号定位的时候,就要选择自己所擅长的技能,还要考虑到自己的兴趣爱好;如果是企业,就要以企业的品牌为参考,还要了解市场环境,明确市场需求。

比如，你对摄影非常感兴趣，命名的时候可以为"×××摄影"。如果是培训机构，可以命名为"×××培训学校"。

在账户定位的时候，主要把握两个方面的内容：内容输出的定位要准确；实现的路径要明确。

在开始文案创作的时候，就要对视频制作的每个环节所能够获得的效果充分考虑，并坚持到底，不能中途放弃。

内容输出是核心内容，将自己擅长的点找到之后，就可以确定内容了。对内容涉及的领域进行细分，集聚内容雷同的领域，文案设计的时候要强调共性，突出重点。内容要连贯，视频各个阶段的文案内容都要有连贯性，这样可以提高用户黏性，对粉丝数量的增长可以起到推动作用。

从变现的路径来看，有多种类型，如付费知识、培训、开直播、流量广告、付费社群等。在文案创作的时候，就要选择合适的方式。粉丝是非常重要的，随着粉丝数量的增多，变现的问题就不需要担心了。

2. 采用"热重法"去中心化。短视频与用户角色之间有较高的匹配度。用户角色作为方案创作中的有效工具，将目标用户勾画出来，还要联系用户诉求，明确设计方向。短视频文案设计中，热重很重要，需要关注点赞、评论和转发情况，还要掌握播种率，其中，转发数是最为重要的，然后是评论数，之后是点赞数。随着热度的增加，就会有更多曝光的机会。

◇ 06 短视频+，给你更多可能性

现在的短视频越来越火爆，参与者也越来越多，短视频逐渐"高大上"起来，内容越来越丰富。短视频呈现出加速融合态势，"短视频+"的模式为各行各业创造了更多的可能性，如"短视频+直播""短视频+音乐""短视频+电商""短视频+社交"……"短视频+电商"已经成为非常重要的变现方式，短视频使产品的特性在消费者面前直观地呈现出来，消费者了解产品更加方便，还提高了产品的可信度。"短视频+"成为网络营销的重要方式。

用"短视频+电商"的方式传播产品信息，与长视频相比较，其优势在于，短视频不仅天然具有社交属性，而且还可以发挥娱乐功能。通过构建短视频社交平台，可以实现信息的人际传播，也可以实现大众传播。在传播的过程中实现互动，而且获得及时反馈。短视频的大众传播性是长视频不可比拟的。短视频社交是在社交平台上进行的，其自身的视频属性可以增强互动参与性。消费者在观看视频的过程中就可以选择自己喜欢的产品，经过互动可以更深入地了解产品，决定是否购买。

将产品广告宣传的短视频制作成情感短片的难度是比较大的，除了技术要求很高之外，还需要细腻的心思，较高的文字表达水平，以确保能够引起观众的共鸣。短视频的内容越深入人心，甚至能够将每一位观众的心声表达出来，粉丝黏性就会越高，粉丝的潜力也会更大。比如，在香水的文案创作中，将内容定位在情侣约会，就要塑造抒情的场景，并融入幽默元素，让视频看起来生动、有趣。在视频的制作中，需要团队的每个成员都要有合作精神，包括编剧、导演、文案都要相互沟通，确定短视频的目标、主题、内容，还要针对已经完成的文案推测可能获得的效果。

短视频的制作中，要确保文字和声音的变化效果更好，可以借助PR软件和ARCTME字幕软件，当然，直接使用PR软件也可以完成短视频的制作。掌握软件技能可以让制作短视频更加轻松，好的文案也自然是不可或缺的。触动人们心灵的文字、能够带动观众情绪的声音，当短视频中播放这些文字和声音的时候，观众是能够感受到视频所要表达的情感的。如果自己的声音不好听，还可以找别人录音，一段音频投入的并不多，却能够让视频更完美。

"短视频+"给粉丝的体验也有所不同。

1. 短视频在介绍产品的同时，还进行了情感营销。一些消费者已经对传统的营销方式产生了厌弃感，特别是当前物质生活充分满足的时代，对于这个群体而言，购买成了一种休闲娱乐方式，软性的情感营销对这个群体更有吸引力，更容易引起他们的共鸣。

一些商家采用讲故事营销的方式，将故事制作成短视频播放出来，对喜欢看故事的人更有吸引力。消费者品读商家的故事的过程，就是对短视频故事传达的价值观表示认同和对产品认可的过程。情感作为载体将产品的特质根植于消费者的意识深处，更容易拴住消费者的心。视频的直观性和直播的情感性营造了沉浸感，消费者观看视频后及时反馈，如此建立实时沟通模式，增强了情感体验。

此外，还可以在短视频平台上用直播的方式推广产品。虽然直播的内容带有随机性，但在进行直播前，要将总体的直播结构确定下来，避免直播内容混乱无序，影响观赏性。营造沉浸感是直播的主要作用，将产品生产的环境和细节展示出来，更能提升粉丝的体验。

2."短视频+电子商务"对消费者需求的重新聚集起到了促进作用，满足了消费个性化的需求。电子商务是最直接的销售行为。短视频融入电子商务中，成为电子商务的有效途径，这种营销模式使得产品的品牌与消费者深入互动，同时通过为不同的消费者提供更具针对性的视频内容，亦能最大限度地影响消费者。

"短视频+电子商务"的门槛低、制作速度快，还方便品牌定制，视频的内容针对性强，更容易被消费者关注。用短视频介绍产品，消费者的需求可以更快地反馈给供货者。一些看似微不足道的需求，聚集在一起之后就可以为消费群提供合适的产品。从实际需求来看，消费者被重新聚合，新的需求就会形成。明确消费群的共同需求，对个性化需求的消费者可以起到引导作用，使其融入这个消费群中。短视频用直播的形式呈现，在娱乐互动的过程中直观地展示商品，与粉丝的匹配度更高，内容排除率有所降低，更容易赢得消费者的心理认同。比如，在抖音中就可以看到许多个性化的品牌，包括美食、小商品，即便不是知名品牌，也可以赢得很多消费者的关注。

◇ 07 打造爆款短视频，文案是关键

书面化的文案选题是误将视频视为配合平面文字报道的"附属物"。比如，将采访记录完整地记录下来，最终用视频的方式将内容呈现出来，给人一种粗制滥造的感觉。短视频文案创作中，如果没有运用视频媒体策划的思维，就失去了视频媒体传播的价值。现在短视频盛行，但不是所有的短视频都能够火起来，主要在于文案的选题上存在差别。部分短视频受到冷落的主要原因，是选题局限于纸媒，比较书面化，不符合短视频的播放特点。还有一些文案创作者没有抓住粉丝的痛点，所写的文案脚本只是在高度模仿或者毫无创意，别人做什么视频，自己就怎么做，很难吸引到粉丝。

短视频的崛起给了很多人发挥才能、自主创业的机会。而要想从短视频流量巨海中脱颖而出，除了本身所具备的才能外，还要求我们在短视频内容创作时有令人惊叹的创意。短视频脚本是短视频的拍摄大纲和要点规划，用来指导整个短视频的拍摄方向和后期剪辑，起着统领全局的作用。因此，短视频脚本的优劣很大程度上决定的视频是否会火爆。

在短视频主题策划的过程中，需要文案创作者具备独立选择主题的意识。将每一段短视频都制作成为既有力度又有广度的原创热点，这是基础性目标。成功的短视频选题文案需要关注年轻人的取向，跟得上文化潮流，还要满足群体利益，虽然需要别具一格，但是不能在众多媒体中孤立，如果依然采用静态传播话题的方式是不妥当的，而是要从动态视频的角度考虑如何通过文案创作将视频呈现在观众面前，而不是让视频成为纸媒报道的副产品。短视频要适应当前的媒体环境，除了讲求播放效果之外，还要树立营销理念，将短视频的主题打造为标签，给粉丝留下深刻的印象。

比如，抖音平台上非常火爆的"毛毛姐"，他的视频都是真人出镜，原创度和推荐度都比较高。其中有一条，"毛毛姐"去看病，医生也非常搞笑，说你这个病叫气球病，只能以毒攻毒，以"汽"治气。然后用医生开的药方，巧妙植入了要推荐的饮品延中品牌汽水。最后，"毛毛姐"以一句"我的妈呀，这个味道太上头啦"非常魔性的话结束。这个视频以非常搞笑的方式植入广告，让粉丝观看后并不会觉得厌烦，有些粉丝甚至会在某些镜头特意暂停，有的粉丝甚至评论说，喜欢看这样的广告。

在短视频话题策划中，最好是能够打造专属热点话题；如果不能做到这一点，就要因地制宜地紧跟当前社会热点，充分发挥想象力，将文案内容策划为适合网络传播的形式，共用宣传推广的方式打造爆款。

短视频的制作不是一个人在作战，而是整个团队在打拼。文案创作者要协助其他的人员保证视频拍摄质量，将剪辑技巧、文案传播等各个制作环节都纳入文案创作中，要保证文案内容拍摄的时候有较高的视觉品质，需要精心布局，巧妙地营造氛围。比如，在酒吧拍摄，拍摄背景是年轻人休闲放松的场景。由于短视频拍摄需要保证清晰的音质，使用单反相机拍摄的过程中还要注重调焦构图的准确比例，这些都需要在文案中表达出来。所以，短视频文案创作者要具备很强的"网络意识"。

比如，关于老年人的短视频，要展示的不是老年人的生理年龄，而是他们的心理年龄，以及他们与社会之间所存在的关系。短视频还要善于捕捉人物的精彩表情以及微妙变化的表情，因为观众的眼睛更"毒"，细微的变化都能够观察到，他们很有可能比视频创作者更了解屏幕语言。

在制作短视频时，要先从长达几个小时收集的材料中选取可以三四分钟播放的材料，再添加上最具网络特点的语言，避免空谈，避免重复表达，重要的是用短视频的表现形式将情感、观点和态度表达出来，产生精彩的效果。

短视频文案创作中，要吸引更多的粉丝，得到更多的评论和点赞，就要注重如下方面。

1. 紧紧抓住粉丝的痛点。许多上传短视频的朋友认为，短视频只是拍摄一些简单的视频传到网络上就可以了，事实上并非如此。

要让短视频获得较高的点击率，就必须触动粉丝的心，这样才有可能激发粉丝的情感，文案的转化率自然会上升。要准确把握粉丝的痛点，需要掌握一些技巧。

了解粉丝的痛点不是靠主观臆测，而是要对粉丝充分了解，首先，将自己看作粉丝，想象自己需要什么。其次，调查目标用户群，对他们喜欢哪类型视频准确定位，这是问题的关键。想粉丝之所想，才能最大限度地满足粉丝的需求，得到粉丝的支持。

2. 对宣传场景的营造。在营造宣传场景的时候，需要在文案中描绘出一个具体的环境，让粉丝直观地了解视频的特殊效果。例如，如果你想在视频中展示一种香水，那么需要在文案内容中创造出这种香水的场景，比如约会、聚会、旅行、工作等，这样粉丝就可以直观地了解这种香水的特点，然后判断短视频是否值得观看，产品是否适合自己，最终对是否购买作出决定。

3. 描述细节。通过在文案中描述细节，可以提高短视频对观众的吸引力，同时也使短视频的内容更真实，引导用户根据文案信息关注更多的相关信息，用这种方式对视频的趣味性进行衡量。

4. 考虑短视频对观众的影响。有这样一个短视频，内容是教人们系鞋带。也许有人说，鞋带谁不会系。播放内容本身不是重点，需要关注的是广告词，"穿裙子这么系"。从系鞋带到系裙子带，仅仅六个字的广告词给人以无限的启发和联想。漂亮的文案内容可以突破人的意识的局限性，给观众带来了一种无形的期待。如果鞋带系得很漂亮，裙子就会很漂亮，整个人都会变得好看了。联想一下约会的场景，出去约会是不是会带感？

5. 短视频要蹭热点。短视频的门槛是比较低的，但是由于竞争激烈，对质量的要求非常高。文案创作中，内容要标新立异，一播放就能吸引观众的眼球，而且还要促使短视频的信息在用户之间传播，提升点击率。

短视频要蹭热点。热点内容是受到广泛关注的，只要相关的内容播出，就会有很多人打开观看。蹭热点的方法非常简单，在很短的时间内就可以撬动非常高的流量。选择热点为题，所获得的效果是普通选题不能够达到的。

短视频要火爆起来，就要老少皆宜，逻辑要简单，每个人都能看懂。这样的短视频，不局限于特定群体的欣赏，基本上每个人都能看，都能看懂，才能更受欢迎。

6. 产生情感共鸣。如果想让自己的短视频受到欢迎，就必须与粉丝产生共鸣。共鸣是别人对你的认同，一旦产生认同，价值观上就会趋于一致。如果没有产生认同，就很容易产生分歧。这两种方式都很容易引起粉丝们的热烈讨论，从而引发"爆炸"，并引申出更多的话题。在文案的选题和内容方向的选择方面，要考虑到短视频播放可能带来的效果，是否对产品营销有益。粉丝们的热议若是能够将有关产品的话题带动起来，产生爆款的概率自然会增加。

◇ 08 短视频时代，传统文案如何进行转型

传统文案仅仅是语言文字部分和图画的结合体。而短视频文案中，除了文字之外，还包括音乐、贴纸装饰、口播、图像等，内容强调原创、创新，播放形式多种多样。以抖音为例，抖音短视频中，音乐如影随形，发挥着艺术功能，这是文字无法替代的。音乐可以使观众在观看视频时产生超越的体验，使得信息多层次表达，产生传播品牌的效应。那么，在短视频时代来到后，传统文案创作者该如何转型呢？

短视频自从诞生以来，就携带着音乐，其火爆也是与音乐存在着关联性。传统视频中也会运用音乐，但并没有短视频中运用得那么广泛。在选择音乐的时候被播放平台所限制，也会受到观众的接受程度的限制，通常传统文案在选择音乐的时候更倾向于精英主义，而抖音则不同，更倾向大众化。

传统文案中，音乐所起到的是"陪衬"作用，其发挥的主要作用是营销，字幕是品牌标识，运用音乐提升视频的感染力。抖音中使用的音乐更加多样化，而且不是处于附属地位，音乐所发挥的作

用是营造氛围，用于渲染内容，但是重点是用音乐方式与受众进行情感交流。短视频文案创作者确定了短视频的内容之后，就要突出视频内容的特点，据此选择音乐，包括音乐的旋律以及歌词都要明确，只有音乐能够感染受众，才能达到效果，做到短视频与观众之间建立心灵层面的交流，产生情感共鸣。

在短视频标题文案创作中，好的标题就意味着成功了一半，时间只有15秒的短视频，标题的作用是非常大的。好的标题能够让人快速记住，并让人产生记忆与联想。抖音用户每天能够收到数以万计的推介视频，想要让视频成为爆款，文案标题发挥着非常重要的作用。

标题需能令观众产生联想，标题的关键词既充满好奇又能够引发观众无限的想象，在群体中有非常强的敏感性，能够激发观众的敏感神经，使得话题能够产生热议。

虽然传统文案的标题也非常重要，但是由于短视频的内容短小精悍，很多的内涵在标题中就要表达出来，所以，对标题的质量要求更高。比如，美拍采用了推介算法渠道，能够准确捕捉到用户的兴趣点。与文字相比较，图像解析内容提取往往精确度不够，通常文字信息的精确度要高一些。短视频文案还要结合音乐背景，营造出有感染力的氛围，这也是短视频文案创作中需要解决的问题。短视频内容要全面展示出来，就要保证短视频的标题新颖，运用独特的、有感染力的音乐，文字描述上要别具一格。

短视频标题要直白才能呈现出简单生动的场景，强烈的画面感，伴随着文字描述，激发观众很强的联想冲击，引导观众继续看下去。短视频标题要能够勾起观众的好奇心，其不在于内容文雅的体现，而是用通俗的内容拉近与粉丝的距离，令人产生亲近感。比如《被抖音骗了，住上了西安的网红酒店，结果让人目瞪口呆》，标题故意制造悬念，使观众对短视频的内容产生好奇心，还是为了制造悬念，产生神秘感，从而引发联想。

短视频与传统视频也存在着共性，就是需要名人效应，提升短视频的附加值。这些可以从短视频内容中体现出来，但不可以喧宾夺主。恰当地使用名人，可以吸引观众点击播放。如《LEE彭于晏传出不同风格》《热剧来疯98:马可拔剑怒指乔振宇:禽兽，放开那个女孩》，明星的名字在标题中显示出来，可以激发受众对短视频的兴趣，更愿意观看短视频。

抖音中也是有传统文案的，突破点在于创意表现，文字上比较雅致，但是抖音短视频并不是要走这样的路线，而是运用这种方法突出通俗效应，将产品的品牌带动起来。这是一种营销方式，通俗的表现手法在这个环节非常突出。将短视频的内容与营销方案有效结合起来，在文案创作中，营销内容也是短视频内容中的重要部分，但是不能突出营销内容，而是用内容对粉丝潜移默化地引导，将营销内容涵盖到短视频内容中，用直白浅显富有冲击性的视频播放形式带动粉丝的思维，引导他们关注产品，认识到产品正是自己所需要的。短视频对观众的视觉产生冲击力,可以获得良好的营销效果。

通俗的短视频让粉丝感觉到宣传的产品更加实用。这种短视频的高效传播,充满了趣味性,但是在通俗制作的同时,注意不可以庸俗化。一些个人短视频虽然很火,可带货效应不强,其中一个重要原因就是内容通俗易懂,但是过于庸俗化了,起初给人以新鲜感,久而久之,令人感到厌烦。短视频的内容要来自于生活,虽然不需要如传统视频那样精致,但是要做到幽默,充满趣味,不可以拍摄过于庸俗的内容。

很多的短视频是为了带货,即便是笼络更多的粉丝,也是为了让粉丝热衷于自己的产品,庸俗是无法成为主角的,而且要在通俗的同时有较高的审美情趣。特别是服装、化妆品等短视频,都要充满美感,用富于审美情绪的视频给人以视觉冲击力。美国媒体文化研究者、批判家尼尔·波兹曼曾经提出过"娱乐至死"的理论:一切公众话语都日渐以娱乐的方式出现,并成为一种文化精神。短视频不是娱乐的附属品,而是娱乐的舞台,以娱乐的方式传播精神文化,引导粉丝在产品中寻找文化元素,这才是短视频要实现的目标,否则,只会让粉丝成为一个娱乐至死的物种。因此,文案人员在创作短视频脚本文案时,要注重娱乐性,同时也要注重内涵。

在短视频时代,文案人员要在传统文案的基础上,发挥自己的创意能力,与当下年轻人所喜欢的时尚元素相结合,只有这样才能制作出粉丝喜爱的短视频,才能更好地实现变现的目的。

第2章
段子思维是文案创作的基本功

◇ 01 文案也是个技术活

现在，短视频已经过了野蛮生长期，靠着图文结合的方式就能吸引大批粉丝的时代已经一去不复返了。想要成为像虎哥说车、李佳琦这样的网红，更需要的是有持续的、高质量的内容输出。在各大短视频平台上，我们所看到的短视频，看似随意，其实它们都是经过精心策划的。想要拍出爆款的短视频，首先要有好的脚本文案。有的时候，一句好的文案就把视频推上热门。

在视频脚本文案创作中要运用段子思维模式，很多人在创作文案时会陷入情不自禁地仿照他人的怪圈，这虽然也是一种方式，但却无法将文案的深层次含义表达出来。原因是，用段子思维创作文案，不是将文案创作成段子，而是用这种思维逻辑让文案更加精彩。

短视频文案落地，要通过视频传达的信息引起受众的共鸣。很多文案创作人员在写作的时候都遇到一个问题，就是不能感知别人的思想，这导致文案内容不能激发共情。

文案虽然是用文字表达，但与文学作品不同。文学作品讲究文采，但文案创作人员即便文笔很好，有很好的洞察力，如果不能精准表达,也不能创作出好文案。短视频的文案简短,可能只有一句话,但是一定要令人记忆深刻,对观众产生持久的影响。

以"口红一哥"李佳琦为例,他曾用5个半小时就做到了带货353万的奇迹,现在已经成了各大美妆品牌青睐的对象,粉丝数量已经超过3000万。他的短视频中并没有用多么华丽的词汇,但是无处不彰显着他独特的个性,同时他还会很客观地为粉丝介绍不同的口红品牌及试用效果,从不强制推荐。"OMG""好好看啊""必须买""全智贤的口红""男人看了都想亲""哇,这也太好看了吧"……他的每一个视频都会出现很多这样的口头禅,非常具有煽动性。"全智贤的口红""这个刘嘉玲才能hold住",这句推广话术虽然简单,却是向粉丝传达了这样一个信息,如果你买了这只口红,你就和某明星用了同款,充分利用了明星效应。

创作文案采用段子思维方式,不局限于如何呈现,只要让人信服就好。所以,创作文案的时候,文笔好很重要,技术好更重要。

那么,文案创作中应该掌握哪些技巧呢?

1. 文案是有其自身的特点的,即用简单的话语突出消费者的痛处。现在很多人吃饭图省事,开始叫外卖了,饿了么、美团都是常用的外卖软件。饿了么最初的广告词是"叫外卖,上饿了么"。消费者叫外卖是为了解决饥饿的问题。那么,关键点就在"饿"上。将"饿"作为中心词,文案的语言表达中就要突出。后来,饿了么的广告改为"饿了别叫妈,叫饿了么。"这样明显形象生动了许多。当孩子饿了的时候,都习惯于找"妈妈",现在不用了,叫"饿了么"就可以解决吃饭问题了。

叫外卖除了解决饥饿问题之外,还需要满足"快"的需求。美团外卖的广告就定位在"快"上,"美团外卖,送啥都快"。

对消费者的痛点用一句话解决,这就是广告文案的作用。

2. 文案的内容要引起共情。共情就会引起人的感同身受,出于理解和同情予以信任和支持。文案虽然简短,却像一个情感故事,而且带有丰富的情感色彩,令人产生共鸣。情感故事在文学作品中是较为常见的,文案的不同之处在于,具备共情的普世情感,无论何时都会激发人的感动之心。

"多么美好的一天,但我看不见"这是盲人用于行乞而在纸牌上写的一行字。每个人都希望享受美好的一天,可是,他却由于眼睛看不见而无法享受到。这句话令很多人心生怜悯,很自然地给予了帮助。

一句话能成为一则情感故事,是因为这句话能引起人的联想,感动之余而产生恻隐之心。

"世界上有一种专门拆散亲子关系的怪物,叫'长大'",这个文案可以令人联想到亲子故事,充满了不舍,令人感动。

3. 文案内容虽然是虚构的,但在细节上要具象化,要体现真实的一面。卡夫卡曾经说过,越是虚构的故事,细节处越要真实。

文案是虚构的,但是不能给人以虚构的体验,要在细节之处体现真实的内容,让消费者购买产品的时候产生类似的感觉。

"三毫米的旅程,一颗好葡萄要走十年。"这是用数字表达好的葡萄酒酿造的不易。

4. 用场景排比的方法增强气势。"爱我,追我,千万别吻我。"这是用排比的方式编写的"注意交通安全"公益广告。丘吉尔有一段著名的演讲:"我们将在陆地上同他作战;我们将在海洋上同他作战;我们将在天空中同他作战,直至借上帝之力,在地球上肃清他的阴影,并把地球上的人民从他的枷锁下解放出来。"通过场景排比的方式,这段演讲会显得更有气势。

在文案的细节上注入真实的内容,观众会更信服文案的内容,在想象中,情感便会被激发出来。

5. 结论要令人意想不到。如果视频播放一开始就让观众想到结论,这就是一个失败的文案,不能发挥应有的作用。一个成功的文案需要给人留下深刻的印象,一个意外的结论可以带来戏剧化的效果。

创作文案的时候不要按照常规思维,正话反说,效果会更好一些。比如,曾经被很多短视频用户争相拍同款的文案:我一个月工资3000元,感觉已经到达了人生的巅峰,我现在还是单身,我不敢交女朋友,因为我怕女朋友图我的钱。

很多文案创作者从小白成为高手,关键点即是在积累创作经验的同时,找到了创作规律,而后运用一些创作技巧,让文案通过视频播放出来，给人以耳目一新之感。

当掌握了技巧之后，就会发现，短视频文案创作并不难。当然，如果在创作短视频文案的过程中，进入思维误区就很难自拔了。也许对于一些人而言，模仿是一条捷径。但模仿其他网红的作品，所模仿的仅仅是表面，一个成功的文案作品创作，绝对不是在表面上下功夫，而是有许多内在的东西。

需要注意的是，短视频文案创作不是为了孤芳自赏，而是为吸引粉丝服务的。所以，要进入粉丝的世界，从粉丝需求的角度创作文案。当然，这个需求点要把握准确。

◇ 02 文案要懂得撒娇卖萌

根据资料显示，短视频应用用户规模已经达到了5.94亿，其中，30岁以下的网民的短视频使用率为80%，并且短视频用户以女性居多。由此可知，目前短视频平台的使用者多为"90后"和"00后"，因此，拍摄的短视频要贴合年轻人的需求。他们的观念是：你若端着，我便无感。那么如何才能通过文案吸引年轻人的眼球呢？

如果留意你会发现，现在很多的广告已经运用了卡通形象，合理添加人格化符号，语言表达上运用了网络用语。这些元素都是年轻人所熟悉的，也更容易接受，能够激发消费者的购买欲望。年轻人更喜欢这种撒娇卖萌的表达方式，因此，我们在抖音文案创作中也需要采用这种撒娇卖萌的方式，这样才能更容易吸引粉丝的关注和讨论。

不管是火爆的文章还是火爆的视频，都有一个内在的逻辑，那就是低门槛。短视频文案使用撒娇卖萌的网络语言，让视频的传播成本变低，不是只有特定人群才能看得懂，这样就具备了成为爆款的可能。很多火爆的短视频网红，比如李佳琦、七舅脑爷、会说话的刘二豆,他们的很多视频都具有撒娇卖萌的元素。即使是一些入驻短视频平台的明星,也用撒娇卖萌的方式吸引粉丝。

比如,曾经在抖音上火爆一时的会动的"兔耳朵帽子",这款产品之所以能够火爆全网,成为爆品,一方面是因为产品本身具有"萌"的属性,另一方面就是因为对《小白兔》这首儿歌的改编。在儿歌的每个字后面加上了一个"了"字,就变成了:"小了白了兔,白了又了白,两了只了耳了朵了竖了起了来,爱了吃了萝了卜了和了青了菜,蹦了蹦了跳了跳了真了可了爱。"让这首儿歌瞬间变得萌萌的。在儿歌每个字后面加上"了"字之后,很容易唱错,因此,吸引了越来越多的人加入拍同款挑战当中来。

在文案创作中卖萌,需要注意以下三个方面。

1. 根据自身或者产品的特点塑造短视频情境。根据产品的品牌特征塑造的"萌"形象往往成为消费者对品牌的第一印象,对营销的效果也会产生一定的影响。一个品牌的"卖萌"最重要的是突出最独特的萌芽点,这是创造独特的品牌形象的关键。

在快餐业中,糖果、饮料和零食是主要的品牌元素,在文案中采用"卖萌"的策略,选择卡通形象的短视频是比较好的。当前的短视频文案中,"软萌"被普遍运用。

销售的最高境界是形成对比。在传统品牌的塑造中,用萌萌的形象与传统味浓重的产品对比,会给人一种奇特的萌感。

2015年,故宫淘宝制作了一系列颠覆传统的文案《够了!朕想静静》,其中介绍了明朝最后一位皇帝朱由检的故事。这位皇帝的时运不是很好,否则也不能成为明朝的"关门"皇帝。一开始,崇祯皇帝正襟危坐,手托额头,很明显是为国事而发愁。之后,画风突变,只见这位皇帝手里面拿着机关枪,眼神充满了邪恶,就好像是一名幻想症患者一般,然后出现了一句台词——"总有刁民想害朕"。

故宫淘宝用这种卖萌的方式在年轻消费者之间搭建了一座桥梁,将品牌形象成功塑造了出来。

2. 用幽默的方式突出品牌的内涵。文案创作中融入萌萌的元素,使两者相辅相成,将品牌的内涵突显出来。文案创作人员要做好消费者的调查工作,对消费者的笑点、关注的热点事件和熟悉的热词都要了解,并运用幽默的语言,以此拉近与粉丝之间的距离。比如,在一些短视频中出现的一些比较火的幽默的句子:"你的肺活量是多少啊,能把牛吹得这么大。""等我有钱了,咱买棒棒糖,买两根,一根你看着我吃,另一根我吃给你看。""吃货的人生就像一列火车,总结起来就是:逛吃,逛吃,逛吃。"

3. 引导消费者传播产品的品牌理念。用卖萌的方式可以增强与消费者之间的互动,发挥网络载体的作用,将文案信息传递给消费者,使消费者不仅是文案的接受者,也成为文案的创作者。在短视频中让消费者参与,即会形成带动效应,继而可以吸引更多的粉丝。

◇ 03 文案要具备段子思维，但不能成为段子手

段子是一种文字表达方式。文案是用文字创作作品，也就是要努力写好段子，但是不可以让自己成为段子手。作为短视频的文案创作者，要有原创能力，有丰富的想象力，在创作中不能循规蹈矩，需时时为文案注入新的东西，让文案内容变得更加生动有趣，从而对用户产生吸引力。

"钻石恒久远，一颗永流传"，这是比尔·伯恩巴克的作品，这位广告史上的巨人在文案的创意上总是与众不同。在他看来，如果一个文案创意不能达到沟通效果，就意味着文案是没有创意的。

比尔·伯恩巴克将广告文案定位在沟通上，这时期后来的广告呈现出了新的变化。其早期的广告定位于科学研究方面，后逐渐向艺术方向转化，这种转向是为了获得更好的沟通效果，他所创作的广告更加个性化。

短视频越来越受欢迎，短视频创作者们在制作广告视频文案时也抓住了这一点，尤其是短视频中的段子，播放的时间短，突出笑点，点击率很高。广告文案设计中，可以运用段子思维让广告带有

笑点，但是广告毕竟不是段子，在短视频文案创作中，运用段子思维让文案的内容有闪光点，吸引更多的人关注广告，成为传播广告的载体，强化广告效应，这是无可厚非的，但宣传产品依然是主要目的。

短视频创作中，文案写作需要具备段子思维，但段子与文案有所不同，段子是一种文字消费形式，是文字通俗化的表达方式。因为通俗，所以容易被更多的人理解和接受。文案则是将文字艺术化的表达方式，给人以美感，用美吸引观众。观众在被吸引的同时会获得文案要表达的信息。

文案创作要达到优质水准，就要掌握各种文案的创作技巧。用段子思维创作文案，无疑是最佳方式之一，但并不是要把文案变成段子，而是提高短视频播放效果。

用段子思维创作文案，是因为目前段子非常受欢迎。既然段子是人们耳熟能详的，何乐而不为呢？创作文案的时候用段子思维，能满足客户的需求，激发消费者的购买欲望，从而促成买卖交易。

短视频的视频是重心，文案对视频起到了衬托的作用。经常看视频的人会发现一个规律，一句好文案就可以让视频成为热门。抖音作为短视频平台，好的文案让播放的内容更有趣，逻辑更加清晰。视频里的文案用段子的方式表达，段子所发挥的作用是让视频的场景更有吸引力。当视频播放美好的画面时，一个段子即能让视频更具感染力。

信息传播的方式有很多，广告是其中的一种形式，主要的目的是传播商业信息。在所有的信息传播形式中，广告也是最不受欢迎的，而且需要付出高昂的费用才能获得信息传播的权利。广告传播的是商业信息，其本质并不会被人讨厌，只要在文案上掌握一定的技巧，就可以获得良好的信息传播效果。

既然段子手掌握文字技巧，文案创作者为什么不学习呢？段子手是善于传播信息的人，是善于沟通的人，文案创作者如果能借段子的"东风"，必然会受到欢迎。

有一句曾在网上流行过很长时间的话：世界那么大，我想去看看。

在短视频平台上，网友对这句话进行加工，就变成了这样：放假了，买个地球仪吧，世界那么大，你不但可以看看，还可以转转。

在经过加工后，这句话变得非常幽默风趣，不仅起到了产品植入的作用，还引起了粉丝的共鸣。这句话就运用了段子思维。

运用段子思维创作文案，需要学会以下技能。

1. 在文案创作中要注重塑造语言情境。文案是文字表达，其目的是让短视频播放效果更好，所以，在语言情境的塑造上要更多地考虑到短视频。一些语言是很容易被多数人心领神会的，文案创作中最好用这样的语言，言简意赅的语句，不需要过多的解释就能被受众理解。

塑造语言情境可不是文案创作者靠主观臆测表达，而是要引起共鸣。比如,一本讲古代人生活日常的书,在文案中就可以用提问的方式,引起用户的好奇心。视频开头可以这么讲:"如果你要穿越回古代,衣食住行要注意些什么呢?"语言简短,容易领会。

2. 在文案创作的同时还要洞察规律,将本质道出来,给人以拨云见日之感。短视频以图像刺激观众的视觉,仅仅靠文字传达是不够的,将文字用画面的形式呈现出来,除了运用语言技巧之外,还要具备洞察事物本质的能力。比如,自己有房子,才不会嫁给房子——30余万,自己买得起。

3. 在文案创作的时候不能用过于直白的语言,要适当用打比方的方式,让信息变得更为生动形象。文案中要善于运用比喻句,这需要建立在洞察规律的能力的基础上。洞察规律是基础,而后恰当地使用比喻的方式,就会使得原本平淡无奇的信息获得意想不到的效果。

虽然短视频中可以播放段子,但是两者之间并不存在密切关联性。段子的应用可以增强短视频的播放效果,但在文案创作中,我们不能成为段子手,不仅仅是去做段子的搬运工,而是要合理运用段子思维,让短视频可以如段子一样广受关注。

◇ 04 在自黑自毁中传递真情

生活中的每个人都有需要别人安慰的时候，这种安慰未必是刻意为之，很多时候，安慰是自我寻求而言的。也许一个景致就让自己感到豁然开朗，也许某个人不经意的一句话就让自己想开了。当人产生舒适感的时候，心理防御就会松懈。短视频文案创作中，可以将人的这种心理充分利用起来，文案内容是为了促销，但是并不会表现得很明显，而是更多地表达真情，令人听之舒适，就会顺着文案的思维思考问题，予以认可，最终接受产品。

如何在文案中传递真情呢？如果攻势太强，粉丝意识到自己在被强制接收信息，就会提高警惕，而且对产品产生心理排斥感。不妨用自黑自毁的方法，博得粉丝的一笑，进而更能放松警惕，并更容易接受宣传信息。

大家印象中的网红，不是腿长一米八的尖下巴美女，就是长得帅的小哥哥。不过，在抖音上有这样一个网红"维维啊"，他的外表非常普通，留着锅盖头，走在路上就是个路人甲。他所拍摄的短视频很多都是在自黑，但是他却通过自黑的方式收获了1000多万粉丝，

1亿多点赞。

还有曾经在抖音上火爆的"真好体",也是自黑的经典文案案例。比如"减肥真好体":大家好,我是减肥狗。为了减肥,我每天只吃清汤寡水,多吃一粒米都要对自己说声对不起,脸色苍白都不用抹BB,坚持了几天,上称一称,一斤也没瘦,真好。还有"单身真好体":大家好,我是单身狗。我的同事、朋友、同学都有对象了,每天恩恩爱爱的,就我没有,真好。

但是我们一定要注意,短视频中自黑并不是真的要拿自己的弱点来说事情,只是为了能够引起粉丝的共鸣。在短视频中用自黑的方式介绍某款产品的时候也并不是要讲该产品的缺点,而是把自己的优点作为自黑点,不过这个优点不为人知。每一个自黑的文案,其实都隐藏着转折关系,不过是将"不过、竟然、可是"等转折词故意隐藏了而已。

2018年,最火的蓝牙耳机,莫过于JEET蓝牙耳机,大多数耳机都做得很精致,但是这款耳机却以丑出名,经常自爆自黑这款耳机有多丑,还声称要关爱弱势群体,为"丑"代言。正因此,这款耳机被诸多时尚达人热捧,甚至还出现多次断货的情况。

美国《大西洋月刊》曾刊文指出:"对于大部分的中国青年而言,在高速增长、急速前进的中国,成功的公式仍然未变:刻苦学习、努力赚钱、成为'房奴'、尽早结婚,最后生养子女。然后看着这个循环重复。但是,越来越多的人发现这些目标难以实现,接受局外人的身份可能是最好的——也许是唯一的——生活下去的办法。"

现在的年轻人生活压力更重——房价高，独生子女成家后，要养育孩子，还要赡养父母。他们需要减压，就要找到宣泄的途径。因为不想伤害别人，于是就用自黑自毁的方法放松自己，让内心的重压得到缓解。听者则会从中了解到自黑自毁中吐露的心声，一种莫名的安全感即会油然而生。这种脱离生活的放空，也是暂时脱离自我，是在用这种方式给自己加油、打气。

对于短视频文案创作者而言，则可以此作为创作的源泉，用自嘲的方法拉近与粉丝的距离。这样的文案内容更能够博得年轻人的好感。

在短视频文案创作中，要达到自黑自毁的效果，可以采用如下方法：

1. 自陷尴尬法。如果一个广告用自卑或自嘲的语气陈述广告词，就等于是在创造幽默的情境。法国反吸烟联合会的广告语："你说的那个讨厌的人可能是我。"广告语中，用吸烟者自己的语气说话，然后明确因为自己吸烟，所以是令人讨厌的人，让自己陷入尴尬的境地。用这种自嘲的方法，让自己成为观众瞩目的小丑，便能达到幽默的效果，而且耐人寻味。

2. 反面诉说法。一则关于交通安全的公共服务广告是这样写的：如果你的车能游泳，请在不刹车的情况下直行。这则广告采用的是逆向思维方式，其真正含义是让驾驶员注意绕道。创造者用相反的语言表达，起到了强调的作用，让驾驶员知道如果直行会是什么后果。用这种方式警告，也起到了自黑自毁的效果。乍看起来这种表达可能很愚蠢，但其中传递出的积极一面更容易被人理解，由此可以达到说服的目的。这样的广告往往给人以思考的余地，会意之后开怀大笑，避免让受众产生抵触情绪。

◇ 05 巧设趣味情节抓人眼球

短视频为什么会如此火爆，让人打开手机就刷到停不下来，最重要的一点就是短视频的内容轻快、有趣，让用户一直处于一种放松、无意识的状态。在这种状态下，粉丝会以一种自然、好奇的心态去了解视频中提到的产品或品牌。

在短视频文案创作中，要使文案的内容引起粉丝的关注，仅仅为了更新而更新是不够的，盲目模仿、复制、粘贴也不能达到良好的效果，甚至会遭人厌恶。在创作短视频的时候，要吸引粉丝，就要将产品巧妙地植入粉丝的内心世界。在创作短视频文案的时候要明确一点，你的文案内容要更倾向于猎奇、实用、好玩，既要有好看的皮囊，也要有有趣的灵魂。

《手残党福利：1分钟就能给自己换个新发型》这个标题的关键点定位在"1分钟"上。女孩子对自己的发型非常在意，但是缺乏动手能力，要自如地变换自己的发型会有些为难。"1分钟就能给自己换个新发型"，让这部分女生群体对自己动手做发型充满了信心。短视频，一般都在1分钟以内，这个短视频的标题让女生在观看这个视频的时候，笃信自己在1分钟之内一定能做好一个发型。

技术流大V"秋叶PPT"就是利用办公室内的剧情，来讲述PPT的各种实用技巧，既有好玩的剧情，也有实用的方法，迅速吸粉200多万。比如，其中有这样一个视频，表哥拿着电脑走进同事小美的办公室，说："小美，我要走了。"小美问："为什么？"表哥说："老板让我把1000张图片导到PPT里，她刁难我。"小美说："简单啊。"然后很轻松地帮助"表哥"把图片导进了PPT中。接下来，表哥不断提出问题，并说"她刁难我"，一副委屈的表情，小美则是很轻松地将他的问题全部解决，展示出PPT使用的技巧。剧情最后，表哥准备离开小美的办公室，老板却出现在他的身后，说："谁刁难你呀。"这条短视频情节设置非常有趣，利用办公室老板和员工的冲突，来讲解知识点，最终再让剧情出现反转，让人捧腹不已，十分吸引人眼球。

在短视频文案创作中，用趣味性的情节抓住人的眼球，引起高度关注，需要做到以下几点。

1. 在文案设计中，将自己定位在旁观者的角度来设计情节，所设定的角色和场景必须是大家常见的，同时还要贴合所要表达的中心内容。

2. 文案中的对话要口语化，就好像是平常人的日常谈话一样，而不是教育宣传，也不是讲课。在文案内容中加入"你"，因为每个人最为关心的是自己，在对话中用"你"，会令人感到文案的内容就是为自己服务的，自然而然地会给予更多关注。比如，"你累了吧，喝一杯牛奶吧。"这让上班劳累了一天的女性很希望自己马上能喝上一杯，购买的欲望油然而生。每个人都有七情六欲，每个人都会更加关心自己的切身利益，所以，将"你"放在文案中非常重要。

在文案中要适当地加入感叹词。这种惊叹语气对人是非常有吸引力的。当你回家的时候，家人看见你时惊叹一声，你会不自觉地看看自己的衣服，或者干脆照照镜子。这就是惊叹的语气引发人的好奇心，让人想一探究竟的奇效。

3. 将粉丝常见的苦恼写在文案中。每个人都有苦恼的时候，将读者普遍存在的苦恼找出来，写在文案的内容中，并将解决苦恼的方法具体化，更能有效拉近与粉丝的距离。注意，不可以直接表达敏感词，而是要委婉地描述。比如，肥胖的人不可以说"体肥"，也不可以说"身材发福"，而是要写腰上挂着"救生圈"。之后，告诉肥胖群体，"你的烦恼，我理解"，之后在粉丝特别渴望的时候，提出解决办法，给读者一个"快乐的结局"。用这种方式宣传，可以获得更好的宣传效果。

4. 文案内容在产品方面报喜不报忧是不合适的，突出优点的同时，也要明确缺点。当然，这个缺点不在于产品自身，而是销售上的"不足"，用销售上的缺憾突出产品的优点，塑造产品优于同类产品的闪光点。文案内容中首先明确产品的亮点，正是因为这些亮点的存在，所以产品备受欢迎。之后报出销售的成绩，诸如在护肤榜排列前十名,在全国范围内产品畅销6年等,以此说明产品非常受欢迎。

产品受欢迎能够吸引消费者,但最令消费者敏感的是价格。低价能满足消费者的需求。所以,在文案中要突出"优惠",表明各种优惠,而且还要限定时间,让消费者产生紧迫感,"过了这村就没这店了"。用限时的方法刺激消费,想买的消费者必然就买了。对现在不想买的潜在消费者,怎样帮助他下定决心呢?限量是比较好的办法。营造稀缺感,让他们害怕失去优惠。

◇ 06 有效增强短视频的创意

随着短视频用户数量的快速增长和移动时代视频流量的激增，文案创作就要适应当前的环境，充分发挥短视频的效能，将具有新活力的广告形式呈现出来。当前的短视频营销正呈现出持续增长的趋势。

通过对ADMASTER的调查数据进行分析可以明确，2018年，广告商在短视频和直播平台上的社交营销意识有所提高，而且已经付诸到行动中，效果良好。一些广告商应用手机发布短视频广告，社交平台和手机视频平台是主要的载体。多数的广告商已经意识到，短视频为互联网广告行业发展提供了新途径。短视频营销的商业价值是很明显的，包括短视频的内容、制作以及传播等都表现良好。关于短视频的内容方面，不仅信息覆盖面广，而且具有很强的承载能力，在社交平台上发布广告，除了传播速度快之外，其还具有很强的交互性，在广告商和目标受众之间起到了桥梁的作用。

在短视频制作方面，视频制作的周期相对较短一些，成本比较低，而且运作灵活，可以满足不同类型广告主的需求。在广告信息的传播方面，短视频在语音领域的传播潜力是非常大的，对于高质量的原创内容用户可以转发，短期内就可以在用户群体中传播。

短视频之所以受到关注，是其趣味性使然。在短视频的文案创作中，除突出产品信息之外，还要提升其趣味性。

在微播易的大力支持下，被称为美拍一姐的"瞄大仙带你停药带你菲"为荣泰按摩椅定制了一则短视频。视频内容可谓是脑洞大开，喵大仙因为使用了荣泰按摩椅，一场神奇的白日梦便开始了。

这个短视频文案是很有创意的。因为内容丰富有趣而根植于用户的内心深处，将用户的参与欲望激发了起来，形成了互动效应。

在制作短视频的时候，在短视频的内容中植入产品，对电商可以起到导流的作用。美拍一姐的这个创意让短视频的播放量超过620万，点赞互动超过15万。有趣的文案内容，通过短视频播放之后，荣泰按摩椅的品牌被树立起来，其销量一路攀升。

短视频互动可以让用户自觉参与进来，而不是广告强制输出。让用户成为产品品牌的代言人，对产品的营销都可以起到促进作用。比如，微播易与丽人丽妆合作对施华蔻8金纯盈润精油护发喷雾进行营销策划，请了13位美拍达人，他们在粉丝中是很有影响力的，这也是关键所在。一场"全民疯玩8字结"零受损挑战短视频营销活动就此拉开帷幕。在活动的前期工作中开展了"8字结"挑战活动，用视频传播，让所有的观众来验证头发的柔顺和滋润。这个活动是具有挑战性的，非常有趣，许多的网友参与其中。这种线上的互动，成功导流了大量粉丝，而且单个粉丝的成本仅仅是0.01元至0.05元。

在短视频创作中，让内容充满趣味性，可以采取如下方式。

1. 视频的内容要年轻化。超过一半的短视频平台上集聚的是"95后"的用户，所以我们的短视频文案创作要更加年轻一些。同时，它应该充满乐趣和创造力。只有这样，才能让年轻人感到短视频是美好的，让他的整个世界都变得美好，并产生心理满足感。比如，"小猪佩奇身上纹，掌声送给社会人"就很富有创意，充满趣味性，观看视频的人多被吸引住，会重复观看，并自主转发，让更多的人看到视频，从而达到营销的目的。

2. 优化人脸识别，增强现实技术，为用户塑造交互体验环境。将塑造的环境用于短视频中，短视频的内容会更加丰富，更加充满趣味性。比如，智能美容、AR表情包等，其视觉冲击力都是非常强的。短视频文案的创作中，要定位于营销，为广告营销提供创意空间，让营销变得有趣，以此提高对受众的吸引力。

3. 提高团队的专业能力。短视频的趣味性不是为了搞笑，而是要提高短视频的艺术境界和审美境界。优质的文案创作需要专业的团队共同合作完成。在文案创作中，要将营销内容的趣味性充分体现出来，就需要脚本创作、表现技巧、电影剪辑等协同。越是专业性强的团队，协作的能力越强。

丰富的视频制作经验，对广告市场有敏锐洞察力，文案创作和短视频拍摄上有较强的创新力，加之专业化地使用趣味元素，不仅能让用户感受到短视频的幽默，还能从中体会到更深层次的含义，这也正是短视频营销的意义所在。

◇ 07 抓不住根本法则，再多玩法也是白费

如何更快、更及时地传播短视频营销内容，对品牌传播效果起到了决定性的作用。特别是幽默有趣的短视频，更容易形成病毒式传播局面，所以，品牌所有者需寻找高品质的渠道进行产品信息宣传。使用短视频传播产品信息，要做好策划，制作热点，以便最大限度地获得引流效果。

微播易与CAMERA360合作的过程中，以"葫芦娃"系列为主题的贴纸发挥了作用。35位短视频达人受邀参与这项活动，APP贴纸体验视频发布，"全民葫芦娃"短视频上演了。短视频发布的时候，秒拍、美拍这两个平台所发挥的作用是不可忽视的。在35个视频UGC的传播助力下，视频播放总量飙升。

这种广告推广方式获得了良好的效果，但是并不意味着所有的品牌都适合采用这种推广方式。每个品牌的广告传播目的不同，产品的特性也有所不同，如果没有把控好，就无法获得预期的效果。

在进行文案创作之前，我们要做好前期准备工作。任何工作都要有目标，目标明确了才能找到正确的方向，文案创作亦是如此，

目的要明确;文案要切合实际,这是达到预期效果的基本条件,所以,文案创作之前要对宣传对象进行研究,初步敲定写作内容;文案的作用是促销,将卖点整理好是重要的工作;基于卖点和销售对象确定投放渠道。

1. 文案写作的目的要明确。文案写作的共同目的是表达情感、制造和传播信息,达到营销引流的目的。文案中要注重情感的表达,将感情通过产品特质传达到受众的意识深处。比如,"双星"生产情感鞋,这就是它的独特性,要将这种独特与人的需求和情感联系在一起;锤子手机与其他手机不同之处就是其严肃性。这些独特性都是品牌所特有的,从这个层面进行文案创作很容易被受众所理解。但是,作为初级运营商,采用这种营销方式需要谨慎从事。当然,它也许不太可能被我们的初级运营商使用。

对于大众不熟悉的某个产品品牌而言,在文案创作中,要获得情感效应,首先要让更多的人知道产品的存在,写一些有轰动效应的内容是必要的,最好是违反人们常规意识的内容,让看过的人对文案有更多的评价,无论是好的还是不好的,但目的都不在于此,而是让更多的人知道产品的存在,并希望深入地了解产品。只要产品的信息大面积地传播并产生强烈的讨论,就意味着文案创作是成功的。

文案写作中要注意销售引流,即文案写作的目的是实现销售,无论是情感表达,还是产生轰动效应,都是为了营销更为顺利地展开。

2.对受众人群的研究很重要。研究受众群体要专业，就是将消费者的特点画出来，包括性别、文化水平、经济收入以及日常的生活习惯和喜好等。所获得的信息越详细越好。

3.研究目标人群，将产品的卖点提炼出来。通过研究目标用户的特性，可以根据所研究的用户组的特性来改进卖点，最终将卖点确定下来。例如，针对喜欢占小便宜的这部分群体，可以在价格上下功夫，让他们感到产品的价格低廉。

4.在短视频投放渠道的确定上，当目标人群明确之后，就可以分析这些人主要出现在哪些短视频平台上，之后进行投放。不同的投放渠道需要采用相应的广告形式。

短视频文案的创作要遵循一定的原则，只有这样，创作出来的文案才能达到理想的效果。文案写作需要遵循的原则如下。

1.文案写作中要遵循"论述+评价+规范"的原则。文案写作中，要对产品的内容加以陈述，作出评价，之后提出规范，也就是明确建议。比如，颗颗动人的草莓，你便真正热爱了鲜果；粒粒脆香的果仁，你便深深钟情于它；一袭素面的抹茶，你便为此优雅而倾情……就在这一刻，你便了解到冰淇淋的甜蜜和茶的清香，原来可以结合得如此完美。"颗颗动人的草莓，你便真正热爱了鲜果；粒粒脆香的果仁，你便深深钟情于它；一袭素面的抹茶，你便为此优雅而倾情"这些是对冰淇淋的陈述，带有感情色彩的陈述；"冰淇淋的甜蜜和茶的清香"是评价;"原来可以结合得如此完美"这句是规范,让消费者看到这条视频,就能感受到冰淇淋的美好,产生购买欲望。

2. 文案的写作中要遵循"数字说话+结果展示"的原则。"劲省1/3底座空间,让绿植和书在桌面安家。"这是电脑显示器支架的文案,很显然,文案要表达的内容是节省空间。使用这款电脑显示器支架,桌面的空间会节省很多,还可以在桌子上放一些绿植和书籍。使用这个产品能节省多少空间呢? 1/3底座空间。用数字说话,在观众的脑海中很自然地形成了桌面文案描述的画面。

3. 文案的写作中要遵循FAB原则。FAB是Feature、Advantage和Benefit的英文缩写,就是要对产品属性、对销售政策和销售细节进行介绍和表述,明确产品的属性所发挥的作用,而且这些作用是有利于消费者的。实施的过程中,要按照客户需求意向展开,有选择性地说服,有目的性地介绍产品。运用这种说服性的结构,可以让客户相信介绍的产品是最好的。比如,在介绍小米4的时候,明确其属性是采用了高通骁龙801处理器。这个属性的作用是让手机的运行速度更快。这个作用对消费者的有利之处是玩游戏时手机不卡了。"小米4采用了高通骁龙801处理器,让手机的运行速度更快,玩游戏的时候再也不会卡了。"这些都是消费者所需要的,于是自然会"买、买、买"。

4. 文案的写作中要合理利用九宫格。九宫格的写作方式,即是画出九个方块,形成正方形,将需要介绍的主体内容放在中间,产品的优势写在周围的每个格子中,之后按照MECE原则将各种优势归类。运用MECE原则,可以将消费者的各种问题拆分开来分析,将解决方案提出来之后汇总,将各种信息整合之后会更有条理,逻辑也更加清晰,消费者会更容易理解。

5. 文案的写作中要充分利用思维导图。在文案写作中可以使用思维导图,运用发散思维思考问题,寻找不同元素之间所存在的关系,之后按照这个方向将文案写出来。比如,电子书APP产品的文案写作,将文案的基础构架梳理完毕,就可以将思维导图绘制出来了。要考虑这款产品适合哪个群体,可以帮助群体解决什么问题,之后将产品所具备的特点筛选出来。当思维导图完成之后,就可以指导文案如何写了。

用这种方式拟写文案更加容易。在文案的开头可以阐述痛点,之后将推广营销的产品抛出。在介绍产品的时候,要围绕着痛点展开。这就是从消费者的关注点展开内容,对消费者自然更有吸引力。

第3章
文案要融合画面、音乐,快速刺激大众的情感

◇ 01 确定视频调性，找到最适合的内容方向与形式

短视频营销成本相对比较低，作为视觉营销的一种形式，其所传递的信息更容易被接受。短视频还有一个重要的优势，就是适合移动终端，不仅可以信息共享，而且方便反馈，提升了粉丝的参与度。

在进行短视频文案创作之前，首先要明确我们所擅长的领域，并确定短视频的调性。目前短视频最热门的种类大致有以下几种：颜值类、搞笑类、才艺类、恶搞类、特效类、美景分享类、戏精类、萌娃萌宠类、正能量类、炫技能类等。

躺倒鸭是一个科技类的短视频自媒体，从一开始，躺倒鸭就定下了自己的调性，也就是在介绍中所说的"立志做最有趣的科技自媒体"。躺倒鸭为了吸引更多关心科技类的粉丝，将自己定位在实用上。对于专业的内容深入浅出，并且有只萌萌哒的鸭子做品牌形象，更符合年轻人的口味，这样产出的内容有趣生动还有料，自然而然带来了大量的粉丝。躺倒鸭半年积累粉丝200万，目前粉丝超过了300万。

除躺倒鸭之外，还有"吃货界的泥石流"野食小哥，他将自己的视频定位为"一人一世界，一本正经做美食"。他从一开始就打造出"一个孤独的美食家"的人设，营造了一种远离现代城市喧嚣，追求大自然原汁原味的美食的意境。他还将自身幽默诙谐的风格融入每一条短视频之中，像代表作"出轨鸡"，变成了小哥的一个标签。正是由于自身恰到好处的定位，野食小哥的视频得到了粉丝的普遍认可。比如，他创作的《一个人吃肉就是爽》短视频，在抖音播放量达3200多万，获赞数达65万。

短视频文案创作中，如何选择合适的内容、方向以及播放形式，可以采用如下做法。

1. 用短视频回答粉丝的问题。短视频是一种营销方式，当收到粉丝提出的问题之后，就可以将回答的内容制作为短视频。比如，当粉丝提出安装问题的时候，短视频播放的内容就是安装的过程，要突出安装的方便性和牢固性。安装的过程中，还需要语音指导，为消费者提供更多有价值的信息，让消费者感到这是个有料的短视频。

2. 将产品的生产过程用短视频播放。用短视频将产品的生产过程播放出来，在15秒之内让消费者了解产品是怎样产生的，有助于挖掘潜在的消费者。比如，BEN & JERRY'S的冰淇淋营销中，用播放短视频的方式将冰淇淋制作的过程发布出来，激发了消费者的兴趣。

3. 请粉丝用标签上传内容，可以强化与粉丝的互动。上传带标签的视频之后，对品牌的推广非常有帮助。请消费者参与抽奖活动，可以拉近相互之间的距离。喜剧大师路易·安德森邀请粉丝在Instagram上传播选择好的视频，使其有参加首场演出的机会。团队根据标签追踪就可以获得所有参与的视频，还可以与视频制作人联系。

4. 品牌文化的展示。产品的品牌要更加"人性化"，应用社交媒体与客户的实时互动，让用户了解品牌文化和产品的特色，使产品的品牌在竞争中脱颖而出。用短视频营销，可以在短时间内将产品的要点表达出来，而且产生声像效应，给人以观感刺激。比如，维多利亚的秘密要将时尚元素展示出来，在短视频中所展示的是动态的模特表演，为粉丝提供了视觉盛宴，令人对这个品牌产生深刻的印象，从而期待着新产品的发布。

5. 用短视频强调特殊偏好。用短视频宣传产品要将镜头调到产品上，添加一些个性化元素。与传统的营销方式相比，短视频营销更加立体化、动态化，配合相应的文字促销信息，就可以提高转化率。比如，鞋子的广告用短视频播放，除了鞋子的照片外，主页上还要播放一段12秒的视频。动态的真人穿鞋表演很容易吸引观众的眼球。此外，还会有鞋子的特写镜头，让消费者更直观地了解有关鞋子的信息，促使消费者购买。

6. 拍摄假日短视频也是比较好的方法。每个假日都是与消费者互动的良好时机，诸如国庆节、圣诞节、情人节等，都可以展开假日营销。将假日作为主题进行短视频营销，可以强化与消费者的互动。比如，抖音短视频平台上的节目特效道具很吸引眼球。很多网红也会使用这些道具拍摄短视频，商家和企业也会拍摄节日相关的短视频来增强与粉丝之间的互动，如果结合优惠券一起使用，就更让粉丝兴奋了，对于增强粉丝黏性、留住粉丝都极有帮助。

◇ 02 内容定位："颜值派"转向"内涵派"

在广告业有一句众所周知的名言：你花费的广告费用中至少有一半是浪费的。可是，哪一半是被浪费的呢？这就不知道了。广告从诞生的那一天起，就存在着缺陷，虽然看起来好看，却非常令人不愉快。长期以来，广告都是向着这个方向发展的，缺少与消费者互动的机会，所以，广告虽然做了，投入了大量的资金，却不能获得预期的效果。每天大量的广告输出，很多消费者甚至认为广告已经骚扰了他们的生活，内心不愿意关注，致使这种单向灌输所获得的效果越来越不理想。广告效应不强，就要采用新的沟通方式，以广告为途径与消费者互动。

在短视频制作中要认识到这一点，如果粉丝对你的产品不感兴趣，就不愿与你互动，也就不会从普通粉丝转化为消费者。要形成互动效应，就需要粉丝的自愿参与，让他记住产品，还乐于享受服务，并对产品产生偏好。

奥美品牌的创办人大卫·奥美早在1951年就向全世界展示了一个非常有趣的原创营销案例。Guinness Stout品牌是奥美成为奥美家族之后的第一个客户。在这个文案设计中，大卫·奥格威既没有给观众传递Guinness Stout啤酒的味道，也没有向消费者高喊为Guinness Stout干杯，更没有按照惯例让一群人一起喝啤酒……他挑选了九种不同的贝类，每种贝类都有一张贝类的照片，并介绍有关的生物知识、地理知识和人文知识。大卫·奥格威把它命名为Guinness Stout贝类指南。他在照片左下角印了一个小的Guinness Stout啤酒瓶，并用小字母写着："与Guinness Stout啤酒共享，所有的贝类都将是最好的美味。"

这个短视频广告的一个重要特点是贝类的平面广告。喜欢吃贝类的消费者可以从中获得知识，对广告产生兴趣，这正是短视频广告要达到的效果。即使对于不吃贝类的消费者来说，这个广告也是非常有吸引力的。

广告的作用是为了实现营销。那么，"营销"是什么？很多人认为营销是将产品卖出去。这个界定没有错，但是，要想想产品销售给谁？消费者，对吗？如果消费者不需要，不能发现产品的价值，就不会购买。所以，要给"营销"重新界定：营销是为消费者创造真正的价值。是的，营销是为了赚钱，但是要建立在为消费者提供满意的服务的基础上。所以，营销是为消费者服务，为其创造价值，让消费者享受产品带来的价值。为消费者提供好的建议，让消费者增长知识，鼓励消费者参与营销活动。

好的营销，不但会让消费者理解产品，还会让其对服务有深入的理解，从而更加关注产品的功能。消费者价值观是整体的、多维的，产品营销的过程，也是展示价值观的过程。只有让消费者感受到产品的价值，广告才能从真正意义上发挥营销效应。

短视频内容要突破"颜值派"而变得更有内涵，需要做到如下几点：

1. 短视频内容上要富于艺术感，能够与消费者有效沟通。广告内容创作要得到的效果是影响目标受众并获得信息。有效地传播广告信息，就要突破认知障碍。广告信息要与目标群体产生共鸣，才能对消费者产生很强的吸引力。

短视频文案创作是一个心心相印的过程，要对广告信息有效传递。文案创作人要与消费者有效沟通，从消费者的角度出发思考问题，准确把握消费者的心理。用消费者最喜欢的方式与其沟通，传递的信息要有针对性，而且具有可行性。

2. 短视频创意上按照从零开始，从模糊到清晰，从感知到理性的思维过程进行创作，创意人员要根据广告策划采用有效的广告信息传递方式。虽然短视频是动态传递信息的，也要从静态的角度思考问题。在短视频中将静态的画面呈现出来，结合动态的背景，使静态的画面更引人注意，从而达到信息传输的目的。

3. 短视频文案的创作中，要按照规范展开。文案创作人员要做好现场调查工作，基于此确定创作方向，包括市场环境以及消费者的接受程度都要充分考虑。广告文案是艺术创作中的一个重要环节，强调对消费者的关心,维护消费者的尊严,不可以按照主观意识进行创作。广告的短视频要充满活力,文案人员的创造力是弥足珍贵的,不能满足现状,而是要不断地创新、求变。要让广告充满魅力,让短视频受到欢迎,文案人员就要经历艰苦的创作过程,即便是灵光一闪,要做到细致入微的创作,也要费尽心思。

任何主题新颖的短视频,第一次播出的时候大多能够吸引消费者,激发消费者的购买欲,而再次播出的时候,消费者对短视频的内容便产生了习惯性,待多次播出后,消费者就不再感兴趣了。消费者愿意将钱花在类似的产品上,因此,文案创作者要不断地用有创意的短视频挖掘品牌的内涵。

短视频文案的创造性不仅能够证明产品的价值,也能给人更多的惊喜,这是对产品价值的一种超越,也是短视频的内涵所在。

◇ 03 融入价值情感，让文案内容更有深意

在短视频的创作中，将价值情感融入其中，让文案的内容更有深度。文案创作者要在文案内容中融入情感是非常不易的。中国的传统文化博大精深，这些都是短视频创作中所需要的元素。短视频广告作为一种全新的文化形式，在制作中要将各种媒介符号合理运用。但是，短视频媒介符号不同于过去任何其他的表达方式，也无法借鉴直接的经验，所以，就要针对相关的问题不断地探索，这也是富于新奇感的短视频不断涌现出来的原因。

无论是励志还是情感，这些类型的短视频的核心就在于挖掘粉丝的内心真情实感，找到不同粉丝的触动点，引起共鸣。这个过程中需要做到"感知、感悟、感动"三个阶段，让别人也能通过视频知道自己在同样的境遇中应该如何面对，从而引导粉丝的行为。

此外，短视频内容还可以以治愈为核心，让粉丝通过观看视频产生幸福感，从而带动用户的情绪，完成用户转化。视频文案要找到一个粉丝愿意为之买单的触点，而这些触点通常都是在日常生活中出现的。

有一条十分走心的视频在抖音上曾感动了无数人。视频里，穿着婚纱的女生，手捧鲜花，眼泛泪光，接受着面前男生的祝福。她对男生说，今天的一切，和我们当年想的一样，我还真怕你会带一帮兄弟来砸场子呢。男生开了个玩笑，说干不了那样没有素质的事情，丢不起那人。女生听完这句话后，咬紧了牙关，转移了话题，问起男生的近况。男生也许是想让女生放心，他就说："还好啊，你看这不胖了吗？"这时，女生或许在想，他现在很好，身边应该有了一个照顾他的姑娘吧。于是就问他："怎么没带她一起来啊？"男生迟疑了那么几秒，低沉着嗓音，说："她今天要结婚。"女生瞬间懂了，她抿紧双唇，强忍着泪水，难过到了极点。

现实生活中，很多人都有类似的情感经历，爱上一个人，最终却没能走到一起。这条视频引起了许多人的共鸣，看哭了很多人，收获了99万点赞，4万多条评论，5万多次转发。这条视频之所以能够火爆，正是因为它融入了真情实感，使我们在情感上产生了触动，从而激发了我们给予鼓励的态度。因此，在创作短视频文案的时候，要注意使用调动粉丝情感的语句，使他们与你产生共鸣。

人类的情感是非常微妙的。你的忧郁或欢喜都可以让别人感觉到，让周围的人受到感染，产生相似的感觉，甚至会产生相似的向往。通过这种情感交流，陌生人之间也可以产生共鸣。在文案内容中融入价值情感打动粉丝的心，就要为粉丝把脉，告诉他们最关心的是什么，什么能够触动他们的心弦，用文字将他们内心的情感表达出来，让他们产生共鸣。

在短视频中植入广告或产品的时候，也要注意在文案上与粉丝产生共鸣，让他们觉得这件东西就是他们所需要的。"喝杯清酒，交个朋友"，这是将品牌定位于男人间的朋友情义方面。当朋友久别重逢的时候，"喝杯清酒"可以表达当时心中的激动，由此可以激发消费者的联想。

价值情感的融入可以提高消费者对产品的忠诚度。关于价值情感方面，中国的价值情感诉求与西方有所不同，在短视频广告中所表达的含义也会有所不同。在短视频作品中要创造优秀的情感诉求，需要做到以下几个方面。

1. 选择恰当的情感表达主题。文案中融入情感，用情感表达的方式对产品进行介绍，以让产品成为情感传播的载体。文案创作者要从自己的经验出发，倾向于关注广告商的需求以及产品自身的特点，力求挖掘产品的内涵，确定情感表达的类型。鉴于中国的受众对心理感受非常注重，在考虑到受众的感官时，采用抒情主题是比较恰当的，也更符合中国的文化传统。

此外，将产品的内涵挖掘出来之后作为主题，在介绍产品的时候要对主题注入情感，重复表达。诸如伤春伤秋、离别别恋、思乡、怀远等都是具有中国特色的情感抒发方式，也是中国观众极为敏感的抒情题材。所以，在选择情感表达类型的时候，可以在这个范围内选择，用介绍产品的方式将抒情主题具体体现出来。同时，还应进一步分析情感的强度和表达方式，以及如何将表达情感与商品内涵相结合。价值情感以产品为载体表达出来，要以深厚的传统抒情文化为基础，这样才能真正做到"恰到好处"。

2. 注重意象的运用与意境的建构。短视频文案创作者要对中国受众的欣赏习惯高度关注。中国人的审美观与西方人不同，西方人坦诚、热情地表达自己的感情，能够直接说出自己的感受。中国人则不同，比较含蓄，情感的变化也是很微妙的。在中国传统中，抒情时通常需要借助外在事物，需要尽可能充分地想象才能更完美地传达情感。因此，文案创作中就要运用这种方式，通过产品将情感具体化。

短视频呈现在受众面前的是动态的图像，还有音乐背景。鉴于中国式的抒情方式长期以来反复使用，产生了固定的内涵，已经根植于人们的意识深处，用于文案内容中可以达到只可意会不可言传的效果。在背景塑造上，比如黄昏时分、皎洁的月亮、温暖的春天、清爽的秋天、南方的梅雨等都可以用来抒情。文案的内容用情感来连接和渗透多重意象，是可以将情感与产品融合，形成一个有机的、完整的场景统一体，创造一个内在世界的。这就是充满丰富内涵的意境，为受众塑造了魅力无限的审美空间，可以让受众产生强烈的反应和共鸣。

3. 情感表达上不具有时间性。短视频在陈述过程中，加入时间的元素，就成了叙事体，不能达到抒情的艺术效果。用情感表达的方式让叙述的内容得到升华，并不需要明确时间的标记，而是维持现在进行时。用抒情的方式塑造特定的情感氛围，在这种情境下宣传产品，会让消费者觉得使用了产品能产生愉悦感。在场景中对广告商品进行软植入，整个环境氛围也将更加和谐。

4. 使用情感符号表达外在的形式特征。文案创作者要有情感表达的欲望，就会选用合适的情感符号。情感符号要与创作主体的情感波动相对应，并随着作者情感强度、程度和极性的变化而不断地变化。在短视频的画面中，除了情感内容的表达之外，还需要背景音乐的渲染，短视频语言的节奏和音乐的节奏要保持一致。此外，镜头的长度、角度、动态场景的切换以及各种外部影响因素等，都要合理运用，以准确传达情感，触动消费者购买产品。

◇ 04 选择适合文案内容与风格的音乐背景

文案的内容通过短视频播放准确地表达出来，背景音乐是必不可少的，声波振动的方式刺激人的听觉器官，引起人的各种情感反应和情感体验。文案创作中选择背景音乐的时候，要了解粉丝想知道什么，哪种类型的音乐能带动他的情感。

一些短视频的成功，音乐是功不可没的。普通的短视频用户可能会出于兴趣而选择自己喜欢的背景音乐，或者根据热门的背景音乐匹配合适的内容。但是在专业的短视频创作者看来，背景音乐的选择、搭配是一件非常讲究的事情。

在短视频中出现激动人心的画面和语言的时候，背景音乐也要选择激昂向上的；在表达思念、悲伤等情感的时候，背景音乐也要选择舒缓的、唯美的；在搞笑类的场景中，背景音乐也要选择欢乐的。总而言之，背景音乐的类型要与视频内容的风格、情感调性保持一致。

除此之外，很多短视频的情绪和情节都是需要背景音乐来带动的。短视频的画面和语言，都是跟背景音乐的节奏高度匹配的，这样整体画面显得更加和谐、自然，让粉丝更有代入感。

在古风美食红人李子柒的美食视频中，选用的背景音乐基本上都是旋律舒缓优美的轻音乐，而且音乐声音与画面中的流水声、狗叫声、切菜声恰到好处地融合在一起，使得整个画面更加立体，更加和谐。

另外一位美食类的短视频网红"贫穷料理"，和李子柒的风格完全不同，他的视频风格更加偏向搞怪、逗趣，所以他选取的背景音乐也都是非常欢快、很有节奏感的音乐。如果把背景音乐关掉，整个画面也就失去了灵魂。

音乐元素的另一种形式是歌曲形式，在短视频中推广某类产品时，要注意选择与广告风格相当的歌曲，用产品或符合产品特性的内容作为文案，以此制作成视频传播，能够更好地表达情感，大大提高了记忆效果，也增强了宣传的效果。

文案创作者要认识到背景音乐能够唤起人的情感，可以起到深化记忆的作用。从人类情感反应理论的角度而言，音乐与人的幸福感存在密切相关性。短视频中采用恰当的背景音乐，能唤起人们的积极情感。音乐的节奏、对音乐的熟悉度等都会对受众产生直接的影响。短视频要给人以深刻的印象，背景音乐是必不可少的。在文案创作中，要对消费者的偏好以及音乐对其影响度进行调查，选择的背景音乐要符合消费者的偏好，才能起到深化记忆的效果。

短视频中配合使用背景音乐，对信息的传播非常有利。粉丝接收信息的时候，音乐具有重要的影响。用音乐吸引粉丝的注意力，包括音乐的节奏、音量以及粉丝对音乐的兴趣都要予以考虑。但是，背景音乐的使用要恰到好处，否则，粉丝将注意力都集中在音乐上，便会忽视视频中真正要表达的广告信息，这就喧宾夺主了，无法获得良好的广告传播效果。所以，在背景音乐的应用中，要在音乐与广告主题之间建立关联性，信息传达的内容要有相关性，以此来增强受众对广告信息的记忆。

将音乐元素有效地应用于短视频中，可以采用如下方式。

1. 对配乐作品要充分熟悉。短视频配乐也可以分为许多类型，比如，极速型的音乐、优雅型的音乐等。如果这是一个电视购物广告配乐，那么必须找到一个节奏比较快，能够令人兴奋的音乐。如果文案创作人员同时也是配乐制作人，就要具备准确、恰当地识别广告背景音乐的能力；熟悉声乐和器乐的特点以及使用范围，对音乐元素准确识别，使音乐为广告宣传服务。在短视频的后期制作中，需要收集大量的音乐资料，对音乐的类型和表达形式有所了解，选择合适的音乐主题。此外，文案创作人员还要掌握音乐基础知识，针对具体的工作对音乐理论深入研究，提高音乐鉴赏力，以选择合适的音乐。

2. 每个音乐符号都有其自身的特点。音乐不具有单独宣传的功能，需要与其他的广告元素相结合，比如，将音乐元素与画面内容相结合，渲染背景。所以，在音乐元素的应用中，不仅取决于它表达的内容，还要与其他广告元素之间建立关系。短视频播放中要充分发挥声音的作用才能获得良好的效果。如果缺乏音乐元素，粉丝就会感到莫名其妙，可见音乐的魅力所在。短视频给人以画面感，结合使用合适的背景音乐，其艺术表现力就会增强，广告传播的效果也会更好。

3. 背景音乐与短视频的情节相匹配。在文案创作中，选择的背景音乐要与广告相匹配，使观众观看完视频之后不会感觉别扭。背景音乐的节奏也随着广告情节的变化而变化。当广告情节紧张时，背景音乐的节奏随之加快；当情节平缓时，背景音乐的节奏就会随之放松，如此形成互补效应。背景音乐常常能塑造意境，激发人的想象力。例如，优美的背景音乐会令人对美丽的自然景观充满向往。音乐与广告图片的关系就好像绿叶和鲜花一样，因为有了背景音乐的存在，就会使得广告画面更加生动，情节更加流畅。

4. 背景音乐应与视频人物的行为相适应。将背景音乐用于短视频中，可以将人物的思想以及心理活动准确地表达出来。轻松愉快的音乐背景给人以喜剧的色彩，让短视频充满欢乐感。人物的性格也会通过音乐节奏展示出来，使得画面感更为充实，宣传的内容也会更有说服力。

◇ 05 短视频的快慢节奏要与情境和主题相符

在制作短视频的时候，必须要把握节奏感，与情境和要表达的主题相符合，这样短视频的内容才更流畅，观众才能持续地观看。在制作短视频的时候，要将节奏把握好，就要处理好短视频制作的节奏。节奏没有起伏，就会令人感到平淡；如果太随意，就没有规则可言。想要把握好短视频节奏的快慢，不仅要把握内部节奏，还要控制好外部节奏。

所谓的内部节奏，就是在情节发展的过程中，各项元素所存在的内在联系以及人物内在情感的起伏，伴随着节奏，内容更为突出，创作者的思想也能够从中体现出来。当然，这其中还包括观众欣赏的情感节奏。文案创作中要做到这一点，需要文案人员有丰富的经验，对总体的节奏规划合理把握。这不仅体现在技术上，更表现在思维取向和精神表达方面。

那么，外部节奏呢？短视频情节的转换要有节奏，要与镜头转换速度合拍，如此观众可以直接听到节奏，思维跟着节奏，短视频的播放效果就会增强。例如，画面变化节奏、音乐旋律节奏等，都需要与主题符合。各种节奏形式在短视频中有机地融合，作品的外部节奏就构成了。后期的编辑工作中，要对短视频的节奏准确把握，让整体的节奏相互融合，相互衬托，给人一种舒适感。

短视频的长度一般都很短，只有几十秒。因此，我们在进行短视频文案创作时，要像导演一样对视频的整体节奏有一个粗略的把控，要清楚什么地方是视频的高潮点，什么地方是视频的转折点，什么地方需要特写镜头，什么地方需要切换音乐，什么地方只需要视频原声，这些都要在文案中体现出来。在对短视频的整体节奏有了基本把控之后，然后按照这个节奏去剪辑，找合适的音乐。最终才能使视频整体衔接更加流畅，情节节奏的转换没有瑕疵，让粉丝跟着视频的节奏走，从而取得良好的效果。

短视频的快慢节奏要与情境和主题相符合，可以采用如下方法。

1. 短视频的快慢节奏要满足视频主题的独特性。背景音乐有属于自己的主题，但要与视频的主题保持一致。现在的短视频种类繁多，在背景音乐的选用上，仅仅局限于节奏好听是不够的，还要确保节奏的快慢与广告播放的节奏合拍，才能提高广告的吸引力。

一个具有市场潜力的产品一定有特定的消费群体。产品广告的永恒主题是有效交付产品、服务到位，还要有属于本企业的理念，这样才能提高广告吸引力。视频广告需要展示的内容很多，包括规格、厚度、外观、色彩等。对于这些元素的应用如果没有把握，可以设计一个列表，将各种元素列出来，在文案创作中尝试着使用，对于广告视频中应用效果不良的元素要消除。比如,沃尔沃汽车的广告词"你的一瞬间,可能是别人的一生",劳斯莱斯豪车的广告词"如果没有,就创造他",在短视频中将广告词的内涵体现出来,就是为了强化主题,吸引受众的眼光。

2. 短视频的快慢节奏要与情节相得益彰。短视频想要出彩,就要在脚本情节的节奏上把控好。如果要做一条20秒的短视频,首先,要用有价值的知识、观点或信息,在3秒内抓住用户的眼球。其次,要在10秒左右制造冲突,或者用情节勾起用户的欲望,引起用户的好奇心。最后,在20秒左右解决用户的疑问,让用户产生满足感。在短视频中,如果能把这个节奏把握好,不仅能够积累粉丝,还能让产品得到最大限度的曝光。

◇ 06 深度垂直，用心完善每个细节

短视频的成功之处不仅源自技术，还源自经验。文本是粉丝感知信息的载体，在外部因素的刺激下，用户对短视频的内容有所感觉，继而对信息产生感知。

随着短视频内容输出者越来越多，观众对视频的要求也越来越高。我们要更加重视粉丝的体验，不能把他们当作播放量和点赞量的数据。在做短视频时，我们要注意深耕一个领域，尽量避免在不同的领域来回转换，只有这样，才能表现得更专业。在进行产品推广时，首先就要做到对产品深入研究，在文案上体现出与官方统一口径不一样的卖点，要展示出自身的公正性，有自身的倾向，让用户觉得你确实用过，真心推荐给他们。

此外，要从短视频的细节入手，比如在短视频封面的选择上，要形成固定的自己的风格，要用封面图来刺激用户点击，使吸引到的用户更加精准。在短视频的拍摄过程中，同样也要注意细节。比如，抖音美食网红李子柒，她的拍摄团队在拍摄视频时非常注重细节，将制作美食的每一个关键点都展示出来，并且对于画面的背景

也进行了精心的设计。无论在哪个镜头暂停,都是非常漂亮的。

对短视频细节的完善,能够让视频的特色根植于粉丝的意识深处,一想到这一类的视频,第一时间就能脱口而出,不会考虑其他的同类视频。

1. 对短视频细节的完善,要对核心内容准确定位,且言简意赅。文案中的细节具有导向的功能,将内容的细节贯穿起来有助于构建应用程序框架,让用户短时间内准确理解产品并获得有效的信息。

在文案设计中要采用第三方的语调,将没有价值的语言删除,突出关键词,使得消费者很快收到有效信息并对信息深入理解。如果在文案中有关于产品的专业词,要用消费者听得懂的语言准确、恰当地解释,不可以使用晦涩的言辞。如果用简单的语言就可以让消费者理解,就不需要进一步补充了。过多的解释会令消费者感到困惑,甚至给人以强制消费的感觉。

2. 场景设计要多样化。文案设计多是按照应用程序的提示完成的。应用软件有这样的功能可以避免用户在使用中出现错误。由于操作的程式化,使得文案的场景创作过于单一化,无法获得良好的宣传效果。对此,可以根据短视频宣传的需要设计多个文本,也就是说,将注意力集中在文本上,而不是场景本身。根据预期的场景效果选择文案类型,确保文案内容与某个场景相适应。当所有的文案都完成了,将需要的文案内容和相应的场景抽取出来,使用软件制作多个场景,之后对场景进行组合。这样做的优势是对每个细节都能予以关注，并不断完善。细节与主题具有直接相关性，在组合的过程中，将有价值的细节放大，在正确的时间出现在视频中，会给观众留下更为深刻的印象。

3. 短视频文案中要有惊喜。将视频中的宣传内容娱乐化，将需要突出的产品细节通过娱乐的方式体现出来，最大限度地吸引消费者的注意力。每个人对新鲜事物都有较高的关注度，用娱乐的方式引起消费者的关注，让消费者在娱乐中体验产品，对提高客户忠诚度非常有帮助。为了让消费者接受产品，可以将产品的某个细节与消费者的日常生活建立起关联性，这样容易引起消费者的共鸣。在文案创作中，将容易带动情感的现实生活内容融入产品内容中，强调产品在生活中是不可或缺的，让消费者感到欣喜，产生相见恨晚的心理，便可以通过巧妙地引导消费者深入了解产品而让其"着急"将产品买回家享用。

4. 注重品牌形象传播。用文字传达产品的形象是一件比较困难的事情，需要文案创作者对产品的风格有精准的拿捏，还要分析企业文化，以企业文化为指导进行文案创作，以便让用户在更好地理解产品的同时，对企业文化有所认可，从而对该品牌的其他产品产生兴趣。例如，李佳琦在介绍花西子气垫时，同时对花西子这一品牌进行了重点介绍，让用户对该品牌的其他产品也产生了兴趣，从而逐渐让这一品牌成为抖音上的爆款产品。

◇ 07 做好内容规划，让你的短视频粉丝暴涨

目前，随着短视频内容越来越丰富，人们对短视频质量要求也越来越高，短视频逐渐进入内容红利区。如果我们想要打造爆款视频，自己带货，并大幅度提升成交量，就必须要具备持续提供优质内容的条件。在这种情况下，短视频内容规划就显得非常重要。

制作短视频之前，首先要明确自己视频的定位，就是要做自己喜欢的、擅长的，不要跟风，做自己不擅长的。只有做自己喜欢的，才能不断坚持下去；只有做自己擅长的，才能产出高质量的内容。在这一原则的基础上进行内容规划，可以有计划地进行持续曝光，留住粉丝，提升关注度，最大限度地发挥出短视频账号的价值。

现在，已经有80%以上的市场营销人员使用短视频来展开市场活动，有针对性地推出产品宣传和带货短视频，不仅能提高产品和公司在网络上的关注度，还能够把那些没有及时进军短视频领域的竞争对手抛在后面。

对于短视频内容创作者而言，每一个短视频都是自己的产品，想要让自己的产品得到用户的认可和青睐，必须要让用户在观看视频的

过程中获得愉悦的体验。短视频内容创作者必须明确自己的短视频能够给用户带来哪些实际的好处，是否解决了用户的某一方面的需求。

短视频选题的内容要有一定的价值输出，如果只是单纯的娱乐，用户可能看过之后很快就会忘记，因此，视频内容一定要有干货，要传递一定的价值。有干货的短视频能够真正解决用户的问题，让他们主动收藏、点赞、评论，帮助我们进行传播，从而达到裂变传播的效果。

确定选题是在写短视频文案前必须要做的工作。短视频的选题通常分为三种。

第一种是常规选题，常规选题可以从我们的日常生活中取材，我们看过的电视剧、电影、段子，身边的人和事，都可以进行再创作，制作成短视频。短视频的内容一定要积极向上，是正能量的。此外，视频内容一定要远离负能量的内容，还要注意敏感词，避免出现违规操作。例如，抖音平台上的"办公室不无聊"，短视频内容基本上都是从日常工作中取材制作的，但是却玩出了新意，很快便收获了近两百万粉丝，一千多万点赞。

第二种是热点选题，短视频内容创作者要时刻关注当下的热点事件和固定热点，比如节假日、平台官方加持的热搜内容。在短视频平台上每过一段时间就会出现热门视频和热门话题，我们可以选择适合自己的热点，并根据以往视频的调性推陈出新，在这样的强曝光下，必然会带来大量的关注。蹭热点方式足够巧妙，很容易在短时间内带来流量的剧增，甚至很快能给自己带来商业价值。

常见的蹭热点的方式有三种，一是对热点进行信息补充，针对热点人物、热点事件进行更加详细的介绍，让还不了解情况的粉丝通过讲解，对热点话题有一个全方位的了解。例如，在"共和国勋章"颁奖成为热点时，对勋章获得者进行介绍。二是对热点进行深入解读，通常是结合自身的专业知识，对热点相关内容进行深入解读。在电影《流浪地球》热映期间，针对地球流浪的可能性进行天文物理方面的深入解析，对中国科幻电影的发展进行深入分析，与国外同类科幻电影进行对比，都很容易引起用户的关注。三是对热点视频进行模仿，在短视频平台上，一首歌或者一支舞蹈爆火之后，其他内容创作者也会纷纷模仿。比如，近期歌曲《大田后生仔》十分火爆，无数人争相模仿，并收获了大量点赞和粉丝。

但需要注意的是，那些低俗、敏感、有不良影响的热点千万不能使用。

第三种是系列专题，短视频创作者根据自身的定位，可以针对某一主题进行深度和广度上的延伸，将短视频做成一整个系列。用户刷到其中一条视频，在被吸引后，必定会点开个人页面观看其他相关的视频，从而增加自己账号的流量，提升用户的关注度。

除此之外，我们还要考虑到这个选题是否符合平台要求，是否具备传播性，是否具有操作性，还要看该选题与自身的定位是否相符。如果选题不具备这几项条件，即使是热点，我们也要学会舍弃。

◇ 08 打造爆款短视频内容的7字真言

万维钢在他的《万万没想到》里说过这样一句话：对脑力工作者来说，水平高低在于掌握的套路有多少。对于一个自媒体人和营销者而言，永远记住研究、分析和总结，因为短视频成功的背后是有一套章法的，只要掌握了方法就可以做到，而不是偶然的、幸运的。

短视频制造者在看一个成功的短视频时，如果只看，不去思考，不去总结，仅仅关注别人的成功，倾听别人的分享，即使经验丰富，也不会创作出优秀的作品。那么，如何打造爆款短视频内容呢？下面的7个字会提供一定的助力。

1.美。对于短视频而言，美是第一生产力。短视频文案在创作中就要明确，每个人都有追求美的心理。

一个优美的舞蹈视频可以获得1000多万的点赞，播放量甚至会超过2亿。

自从网红餐厅兴起以来，消费者就养成了先用手机再动筷子的习惯。对于餐厅来说，首先要做的不是美味，而是给消费者留下良好的第一印象，就餐环境要富于美感，要关心消费者是否有拍照和视频发朋友圈的习惯。这就是当今网红餐厅的逻辑。

对于今天的饭店来说，要做一道好菜，不仅要学习烹饪、营养，还要学习建筑、园艺、景观设计、配色，甚至对玻璃陶瓷、石材也要有所研究。此外，还要知道如何使用干冰、液氮、火焰喷枪等特殊效果来制作短片。如何把一道菜变成一个微型景观？如何让美食变成艺术品？塑造美的环境，给消费者惊喜，让餐厅环境锁住消费者的心，而不仅仅是美食。这都是学问。

2. 燃。最受消费者欢迎的事情大抵分两类：第一类是各种明星八卦和名人新闻；第二类是底层的人变成强者。

2018年6月16日晚，冰岛首次在世界杯上与最受欢迎的阿根廷队打平，赢得冠军。第二天，几千篇相关文章在网络上传播，还配有视频，受到广泛关注。为什么人们喜欢观看这些内容？因为这是"大卫打败歌利亚"的故事，一只丑小鸭变成了白天鹅。

3. 萌。广告中有一条3B法则：美、兽、婴三大最具吸引力的视觉关注点，可以引起人们强烈的情感反应。当然，野兽应该区别于凶猛好斗的野兽，而是将其萌化了，给人以可爱的感觉。萌萌的画面配上萌萌的语言，内容简单可爱，给人以生命力。

2016年，百度糯米计划用发送香蕉的方式宣传电影《大眼萌》，为此特地策划了一个活动——"小黄人"卖香蕉被赶，坐地上对城管卖萌撒娇。这个情境很快就出现在微博热搜列表上，并被许多媒体转载——小黄和城管形成了强烈的对比。

  4. 暖。温暖会给人以归属感、安全感，令人感到爱，甚至会产生对生命的希望。温暖是与心相连的东西，因此，会给人以信任感。温暖是一种爱，与家庭、友谊、思乡、关怀、同情相连。招商银行拍摄了番茄炒鸡蛋视频，所讲述的是关于家庭的故事。一个在国外留学的年轻人，因为他的每个朋友都会在聚会上做一道菜，他不会做西红柿炒鸡蛋。在非常焦虑的情况下，镜头转向他的母亲，通过他的手机可以看到母亲在家里做了一盘西红柿炒鸡蛋，并边做边说明，父亲就制作了一个视频发送给他的儿子，儿子成功地做了番茄炒蛋。但直到他和朋友聊起时差问题，他才突然意识到，由于时差问题，他的父母凌晨3点起床，到厨房给他做了一盘番茄炒蛋。就是这道西红柿炒蛋的短视频，当天微信指数飙升68倍，达到2445万。

  在所有的情感中，让人感到温暖是最能触动人的心灵的。

  5. 牛。雷军有一个七个字的互联网产品制作配方：专注、极致、口碑、快。事实上，创建短视频内容也是如此。如果集中精力到一件事上，并尽最大努力去做，就会获得良好的口碑。在当今互联互通的时代，口碑将带来迅速传播和广泛影响。什么是吉尼斯黑啤酒？为什么能打破吉尼斯纪录？难道这不是意味着做一些别人不认为有意义的事情，甚至感到痛苦的事情吗？而且还要把这件事情做到极致？然后，每个人都来观看并叹息："太好了！"

  有一个短视频是"让鸡蛋站起来"，该短视频获得了数百万次的点赞，因为它真的达到了极致，最终获得良好的口碑，并迅速传播。

可见，只要你能做一件事情到极致，就会有人注意到，并快速传播，这就是当今的媒体世界。

6. 搞。后现代主义的一个具有代表性的精神就是"解构"。将一个完整的结构解开，成为一个个小小的部件，并进行研究，这就是解构最通俗的含义。铁达时手表广告中，饰演飞行员的周润发与新婚妻子吴倩莲在战场上道别。吴倩莲在铁丝网外目送飞机离开，这一幕是非常感人的。"不在乎天长地久，只在乎曾经拥有"这句广告词就是钟楚红的丈夫朱家鼎创作的，成为该广告的点睛之笔。

要想写出爆款的内容，就要有经典的制作，不妨用逆向思维创造一些对比，创造一些新的想法。

7. 干。现在的人很少有愿意埋头苦干的了，即便是不断学习，也都想快速进步，走捷径。"三天学习×××""七步理解×××"等是非常受欢迎的。所以，大家都需要干货。看看这些题目："七步懂报表""一周教你弹吉他"，干货视频才会受欢迎。

干货必须有一个明确的目标，它存在哪些问题需要解决。干货不应空谈，要有实际的行动步骤和计划，只有这样才能引起人们的关注、评论和转发的兴趣。

第4章
互动性是文案创作的新方向

◇ 01 抛弃流量思维,提升粉丝忠诚度

短视频的粉丝是一个个真实存在的个人,而不仅仅是点赞数和评论数,并不是把粉丝吸引到店铺就结束了,而是要粉丝持续地关注你,让他们成为你的忠实粉丝、产品的忠实用户,形成长久的持续的消费。传统的流量思维只是站在自己的角度考虑问题,关心的是当下的利益。短视频时代,更应该采用用户思维,通过个性化、精细化的视频内容给粉丝带来良好的体验。因此,对内容创作者而言,不能把粉丝当成数据,而是要充分地与粉丝互动,让粉丝对你产生亲切感,认为你是值得信任的。内容创作者在进行文案脚本创作的时候,就要考虑到与粉丝的互动,并在视频中体现出来。

在观看短视频的过程中,可以留言,也可以评论,使得互动在这个短视频平台上得以实现。粉丝与内容创作者进行直接沟通,围绕着粉丝的具体需求展开。内容创作者通过与粉丝互动,了解粉丝的诉求,基于此打造有特色的短视频,让内容创作者与粉丝之间进行互动,让粉丝也能参与进来,只有这样,才能做到价值最大化。

数据显示,视频的流量绝大部分来自粉丝二次传播产生的流量,

比如说，我们的内容被粉丝转发了，我们的视频被粉丝模仿，拍了同款视频。粉丝参与度越高，短视频火爆的可能性就越大。

现在的年轻人对于星座，对于内心的感受，对于自身的状况往往都非常重视。很多短视频创作者就会用一些小测试来吸引粉丝，比如"超准的关系测试，看看你和Ta的关系"，并且还可以用自己的商品橱窗或小店来宣传售卖情感类的书籍。这样做的好处就是很容易产生互动性。在评论区，很多人都会选择自己心中的答案。这个视频总共有80多万人点赞，7万多人参与评论，2万多人分享到其他平台。

对于某类产品品牌的塑造有很多的方法，利用短视频播放，强化与消费者的互动，就可以让消费者了解企业文化，被企业的价值观所吸引并趋同。用这种方式让消费者更加了解企业的产品，按照消费者的见解对产品重新包装，使品牌更加成熟，如此，可以进一步培养客户忠诚度，实现营销目标。

泰国内衣品牌Sabina Doomm Doomm发布了一则富有想象力的广告，把天堂描绘成一个处理人类所有活动的"办公室"。例如，主角普罗米修斯负责人力资源，惩罚各种不当的行为，比如"雷击"惩罚"有外遇、交情复杂、玩暧昧、爱说谎"的人。

普罗米修斯认为艺术是不可以在匆忙中完成的，但面对情人节20万的人潮，他也很匆忙，导致一些作品不那么精致。

在短视频的最后，一个对普罗米修斯的"手艺"不满的漂亮女孩买了一个Sabina Doomm Doomm，并告诉观众"不用靠老天也能很丰满"。

普罗米修斯问："是谁让你拍这部片子的？"

女孩回答："神。"

普罗米修斯问："哪个神？"

女孩回答："顾客。"

就是这样的一个短片，让用户非常感动，大量用户在平台上互动，还将广告转发给朋友。

这种互动营销没有直接采用企业与消费者互动的方式，而是采用企业通过播放短视频，激发消费者之间互动的方式，来实现消费者将短视频与朋友共享，最终达到互动营销的目的。

短视频互动营销要获得良好的效果，可以采用如下方式。

1. 短视频互动营销的过程中，要对品牌营销渠道不断扩展。短视频不仅可以投放到抖音、快手、火山等短视频平台，还可以在微信平台上传播，也可以在公众号中传播，通过互动，让消费者看到企业传达的产品信息，以便了解消费者的真实需求。在播放短视频的同时，还可以在公众号后台做更多的活动，比如抽奖活动、鼓励消费者留下意见，以及在公众号的后台与消费者进行交流等。采用这种互动的方法，品牌的曝光率就会有所增加。由于微信和公众号平台的功能上存在一定的局限性，因此，还要不断扩大销售渠道，并结合其他的平台实现互动，通过平台合作的方式，更好地为消费者服务，吸引新的消费群体。

2. 短视频互动营销中还要注重品牌的开发工作。企业的发展不应该坐吃山空，而是要不断地开发新技术，创新互动营销模式。在掌握了公众平台的日常内容之后，在众多的平台信息中要想让短视频脱颖而出，就要在文案上给人以脱俗之感，不能按照套路传播短视频，要积极开发新的互动形式，以逐步提升短视频的点击率。

3. 利用互联网技术挖掘消费者。在网络平台上，各种数据信息都是透明的，文案写作者要充分利用数据信息，整合各个公众平台推送的内容，包括点击量以及消费者的评论都要统计好，以便深度挖掘消费者的需求，这有利于实现针对消费者的"精准营销"。同时，要注重分析背景数据，对数据信息进行归纳总结，对不同地方消费者群体要采用相应的营销方案，以提升消费者对企业的好感和忠诚度。

4. 互动要大众化。互动的过程中，要满足不同的粉丝群体。现在的人们手机不离手，内容创作者就可以利用粉丝的这一特点与其充分互动，传播短视频信息以吸引消费者的眼球，将诸如动漫、有趣的动态表情等发送给消费者，还可以定期或不定期地组织活动。用这种互动方式可以增强双方的亲密度，实现互动的民主化。

◇ 02 传递价值要有料、有趣

为了加强与粉丝的交互,进行更深入的沟通,短视频作品要传递正能量,同时,短视频内容必须有一定的趣味性,让粉丝有兴趣观看,会为短视频的内容而感动,如此,粉丝就能情不自禁地参与互动交流了。

《亲爱的,好久不见》,这个短视频所讲述的是一个关于友谊的故事:吴维纯、安来宁、左明良是三个会弹吉他、会写歌的人,他们在上海的各个角落苦苦挣扎。这一年的新年来临之际,他们再次相聚,重温旧情。在音乐、美酒和朋友相聚的轻松氛围中,百威科罗娜的主题"就为这一刻"被巧妙地植入,它告诉大家,即便工作非常忙,生活很烦琐,也不要忘了"叫上你的老朋友,自在聚一聚"。这个短视频引起了消费者的热烈响应。

百威科罗娜短视频营销获得成功,是因为短视频内容体现了真实的生活,而且非常有趣,能够直击人心。一个好的短视频营销主题可以让消费者产生新鲜感,而且能够引起消费者情感上的共鸣,将消费者的购买欲望激发出来。

为了加强与粉丝之间的互动,保持新老粉丝的忠诚度,必须保证短视频内容的质量和价值。只有真实性才能引起消费者的关注,对粉丝而言才是有价值的。而将有趣的元素注入其中,更是会为短视频内容增添色彩。

短视频文案要发挥其传递价值的优势,需要注意以下几点。

1. 短视频内容与消费者的兴趣需求相吻合。短视频内容是供消费者观看的,这关系到视频最终的现金流量。因此,文案在创作时应该充分了解消费者的需求,选择粉丝感兴趣的内容。只有贴近粉丝的心理,才能创造出符合粉丝审美的文案。

2. 短视频文案的内容要根据消费者的信息创建。消费者的信息通常包括性别、年龄、所从事的职业以及兴趣爱好等,全面掌握消费者的信息,对消费者属于哪一类人予以定位,会让短视频文案的内容更容易直击消费者的内心,传递也将更加准确,也更有针对性。

3. 从消费者的兴趣出发创作视频内容。对消费者的信息深入了解之后,还要对他们的兴趣爱好深入挖掘。文案人员需要知道消费者喜欢观看哪种风格的视频内容,根据消费者的反馈设计标题,选择短视频风格,制作封面,使用背景音乐。在内容创作方面,要选择消费者喜欢的方向,要关注观看短视频的消费者所发布的评论。此外,还需要注意哪些视频用户评论最多,用户关注的核心问题是什么,主要关注的是娱乐方面还是知识方面的视频,等等。

另外,还要了解用户主要关注的是哪一类视频内容,分析这类视频的特点，之后学习这种风格的短视频文案制作方法，以提高自身的竞争力。

4. 短视频内容要有娱乐性和趣味性。短视频在传播有价值的信息的同时，还要保证短视频的娱乐性和趣味性，以提升消费者对品牌的好感度，继而会更加关注短视频。

YouTube上有这样一段短视频：一头巨大的鲸鱼从篮球场的地板上跃起，溅起的水花十分真实。这段视频是Magic Leap公司的创意，Magic Leap是一家专注于混合现实技术的公司，旨在为尚未诞生的产品制造市场轰动效应。经过两年的不懈努力，该公司的短视频作品呈现在观众面前，并受到关注，迅速成为"最贵概念公司"，融资超过10亿美元。

当然，如果不能从专业的角度发挥短视频的宣传作用，还可以将重大的节日利用起来。

腾讯微视举办了"我心中的中国节"短视频征集活动。端午节，按照中国的传统文化是要吃粽子、赛龙舟的，还要戴香囊。短视频就要以这些传统文化元素为创意出发点，充分发散思维，将"花式吃粽子"的短视频制作出来。短视频用户脑洞大开，"吃粽子"的方式花样百出。其中，"兜兜里有糖"短视频受到观众的青睐，在于其对粽子制作过程的神还原，将粽子变成美食的奥秘解开。"可爱的小熊本"制作的"徒手接粽子"也非常吸引人，他把粽子高高抛向空中，绕了一个720度的大回环之后将空中落下的粽子接住。

诸如此类的创意性文案,内容丰富,它们用生动有趣的形式传播着有价值的信息,无形中增强了消费者对产品的好感。

◇ 03 运用第一人称提升信服感

采用短视频与用户建立联系是非常有效的，视频的内容就是一个故事，其将产品的信息以及企业的形象都完整地传递、展示了出来。

采用视频实现商业目标的做法由来已久，近年来短视频更加火爆，是因为短视频可以发挥互动效应，这是以前的视频广告难以做到的，在当时也是无法想象的。

在短视频营销普及的今天，要提高用户对短视频的关注度，就要做到短视频文案特色化，让用户有新的体验。短视频文案中运用第一人称，在某种程度上说，可以最大限度地让用户感觉到企业对用户提供的是真诚可靠的服务，是值得信赖的。

短视频中用第一人称"撩粉"是非常有效的方法。现在已经是竖屏时代了，智能手机的普及，社交方式的变化，使得人们看手机的时间越来越多，而且几乎都采用竖屏浏览内容。观看习惯发生了改变，垂直视频随之兴起。手机竖着拿直，垂直拍摄，会获得非常好的观看体验。用户一只手拿着设备，另一只手自由地交互操作，非常方便。

现在持有智能手机的人都会自己拍摄,将自己的最佳状态分享到朋友圈。人们更愿意从视频中看到自己,也有了主观意识上的自我满足。由此,短视频文案创作中,就可以从用户的这一需求出发运用第一人称,让短视频的内容更有说服力,令用户信服。

长期以来,视频营销都是采用第三人称,通过富于美感的画面将想要传递的信息呈现出来,主要的目的就是为了赢得消费者的青睐。而现在,人们自己也可以使用工具拍摄短视频了,而且可以自由地突出"我"的现场感。

短视频文案设计中,改变第三人称的方式,采用第一人称,可以让用户在观看短视频的时候,认识到视频播放的内容与自己有关系。这样的短视频形成了带入感,将用户吸引到了短视频环境中,成为短视频中的主角。

短视频中使用第一人称,用户在观看短视频的时候经常会带着一种角色感和存在感。无论是游戏,还是短片,第一步都是创造和介绍角色。在短视频文案创作中,要将"角色系统"构建起来,将所需要的元素设置好,诸如外貌、性别等,从而在短视频制作中,可以对这些元素合理运用"造人设",注重突出人物特征,使短视频更好地发挥作用。

在短视频中引入角色会建立一种真实感,使用第一人称也会增加与观众的深度联系。所以,在垂直广告的制作中,要坚持"第一人称"原则。从用户的角度出发,以第一人称的方式阐述产品,为用户提供服务,让用户了解产品的性能以及所具备的优势,会更有说服力。

要想让一个真正有个性的品牌变得个性化,遵循"第一人称"原则效果是非常好的。主要采用的模式是:我是谁?我有什么样的性格?我的故事是什么?我为什么要告诉你这个故事?

通过鲜明的特色、真实的场景、动人的故事,创造出生动的拟人化形象,突出预期表达的关联性、原创性和冲击力,最终即会达到放大消费者情感、彰显个性、崇尚价值的效果。

1. 短视频文案创作中用第一人称进行品牌介绍。短视频文案创作中,要让用户对企业品牌有所了解,单纯的陈述是不够的,还要对产品进行详细介绍,对特色化的服务予以着重介绍。在介绍的过程中,引入人物,用第一人称介绍,引导用户的意识进入到视频环境中,会让他们更全面地了解企业的经营理念和优质的服务。对目标受众采用这种方式,可以激发受众对产品的兴趣,有助于提升品牌知名度,也可以更有力地推动销售。这样的视频通常会发布在网站的主页上,还可以分享在社交媒体上,有兴趣的用户可以与客服联系,客服会针对用户的需求将产品详细地介绍。

2. 用户发表感言视频。以产品用户的身份在视频中发表感言,会让更多的人相信使用产品会获得良好的体验,由此证明产品是值得信赖的。只要用户对产品和企业有真实的评价,视频内容就是可信的,也是有效的。视频内容应用第一人称,可以与目标受众建立信任,并通过点赞、分享和评论提高用户的参与度。视频文案的创作中,需要对客户进行视频采访,分享产品体验,然后将视频发布到社交媒体、官方网站或者评论页面上。

3. 用第一人称发布产品使用说明。视频可以帮助用户找到问题的答案,提高转化率。用第一人称发布产品的使用说明,将专业技能展示出来,能让用户更彻底地熟悉产品,从而激发其享受服务的欲望。在视频网站上还要为用户设置一个点评查询窗口,设置讨论平台,及时接受用户的反馈,并将反馈信息在视频中播出,继而形成用户之间的互动效应。

◇ 04 持续输出走心真实的短视频

短视频文案创作中，在语言的运用上要有亲和力。从短视频广告的主要要素来看，消费者、广告商和商品构成一个群体。消费者之间的立场相似、需求相同，就会产生相互认同感。在短视频营销中要多用心一些，站在消费者的角度考虑问题，将营销策略定位在为消费者提供更优质的服务上，从而提高消费者对产品的满意程度，获得消费者的好评。

用心制作的短视频更能深入人心，对消费者的意识会产生带动作用，对其购买行为也能产生激励效应。

凡是广告营销资源流向的地方，也是市场最活跃的领域，这里的用户数量最多，而且互动频繁。短视频被众多用户欢迎，这一点是不言而喻的，也说明短视频市场还有非常大的发展空间。短视频营销将其价值充分发挥出来，还有很长的一段路要走。走心的短视频要体现出真实的一面，这是对用户最起码的尊重。

由于短视频内容的特殊属性，很多的本地服务利用短时频平台的立体化、直观化传播特性，已经不再受到网络的限制，而是通过线上与线下的互动展开营销。新年期间，在北京密云古北水镇开展了"新年有你，年在一起"活动，用户自发参与的活动通过短视频从线下导入线上，在统一的主题活动的运营下，吸引线上流量到当地消费，新的视频素材产生后再提供给线上，增加二次客流，线上和线下的活动相互推动，形成一个闭环。随着参与者数量的增加，网络效应越来越强烈，最终引发一场"风暴"，新的话题不断地被制造出来，人气也得到了较大的提升。

那么，如何才能输出走心真实的短视频呢？可以用如下方法：

1. 把线上线下的用户聚集在一起，用这种方式与用户之间保持密切关系。好的短视频内容必须有IP，IP是内容价值输出最直接的形象，可以将产品属性直接表达出来，结合使用情景营销，更容易让营销的内容根植于人心。比如，对于很多家庭而言，早餐是一件很烦恼的事情。那么，作出一个"在家里如何处理孩子的早餐"的短视频无疑是非常有吸引力的。我们可以采用情景营销的方法，将早餐问题的解决方法呈现出来，相信很多女性会对此非常感兴趣。在情境营销中植入人们所熟悉的东西，即能满足这个群体的需求。

此外，IP人格化是非常重要的。短视频中的人物未必是明星或者知名人士，文案创作者也可以参与短视频的制作，并成为短视频的主角。当用户看到短视频文案创作者自编自演的短视频时，会觉得这样的内容更有亲和力，也更加喜欢。

2. 注重渠道的选择。现在的营销平台运营中，很多是团队运营，包括公交、地铁、飞机、建筑等。如何选择适合产品营销的平台呢？从品牌方的角度而言，要将平台划分为不同的类别。比如，如果品牌曝光，资讯类平台效果好一些；如果需要转换，可以发挥电商类平台的作用，诸如京东平台、天猫平台都可以合理利用；如果营销需要面对的用户为年轻群体，就要在创意上下功夫，以期产生爆款。覆盖的群体不同，短视频投放的渠道不同，在文案设计上就要多用心思，选择合适的投放渠道，才能获得预期的效果。

应用电商渠道推广短视频内容，很多人都知道电商流量是比较贵的，但是可以直接导流。当然，不同的短视频内容，流量也不同。如果内容是免费流量的，通过内容就可以获得很多的流量，并不需要花钱。

3. 短视频内容生活化。现在的女性对生活品质要求很高，但是掌握的生活技能并不多，因此，在短视频内容中融入生活内容效果会更好一些，可以引发用户自发传播。当然，短视频的内容要打动人心，否则即便在平台上传播，也无法引爆，用户看完了也就看完了，不会多次转发。

4. 激发用户的参与意识。在用户运营方面，反馈非常重要，其有助于激发用户的参与意识。当视频上传之后，可以获得用户的反馈，这些反馈信息要认真研读，要有耐心，因为非常有价值。如果用户愿意将短视频内容用于生活中，并将自己的成果与你分享，肯定也会为你推广的东西买单。

◇ 05 激起共鸣，用户热衷观看

短视频在线传播促使流量剧增，推动了用户拉新、留存、促活和转化。营销的目的是吸引更多的消费者关注产品，这就需要短视频文案创作者关注品牌，关注消费者市场，向圈内的消费者投放引爆点，最终引起消费者市场的共鸣。

将视频营销打造为价值营销，将有价值的信息传递给消费者，吸引消费者观看，这是重中之重。只要是有越来越多的消费者观看，营销就等于踏上了成功之路。

短视频营销要实现价值营销，需要产品品牌与平台内容从多个维度组合，运用创新技术，根据用户的需求在路径上作出调整，不断完善短视频内容，深挖用户价值认同，以给用户新的体验，从而实现品牌目标。

短视频用户乐于把自己喜欢的事物或观点拿来分享和讨论。营销若能把握这一用户心理，则更容易达到好的传播效果。

阿迪达斯休闲系列秋冬新品发布会召开之际，与秒拍深度合作。秒拍联合《暴走街拍》为阿迪达斯定制三款短视频：《暴走街拍——

拒绝瘫痪性懒惰》《暴走街拍——放下手机10秒钟》《暴走街拍——克服选择困难症》。这三款视频采用街头采访形式，聚焦于当下年轻人普遍存在的三个问题，号召青年人跨出"三大症候群"，勇敢地拥抱生活，向消极的生活状态说"不"。

这一活动通过定制专题、视频创意和MV拍摄特效，巧妙植入阿迪达斯休闲系列"+1趁现在"的品牌理念，通过对年轻人生活观念的洞察，邀请用户感受阿迪达斯倡导的行动的力量。这一活动专题页点击量高达111万，视频播放量近3000万，并形成大量话题讨论和自发扩散。

短视频营销带动了一个时代，视频内容得以拓展，内容传播形式多种多样，呈现方式千变万化，而要将短视频内容的真实张力显示出来，就要在品牌的利用上有所收敛，将产品的价值突显出来。

在快手上，有一位名为"小.佛爷(教搭配)"的女装商家，用视频记录了最为真实的生活穿搭场景，用一个个真实的例子来满足不同粉丝对于"美"的需求。无论是色彩细腻甜美的冰淇淋色、还是清新素雅的莫兰迪色，或者一套极简大气的黑白灰，她的色彩搭配时髦不踩雷，一件件单品运用娴熟同样不会入错坑。她将年轻人所追求的时尚、潮流发挥得淋漓尽致，她不仅仅是卖货，还向粉丝传达了真实才是最美的价值观念，满足了粉丝的切实需求，引起了他们的共鸣，同时还拥有了自己独特的风格和定位。

短视频要激起共鸣,需做到以下几点。

1. 将兴趣圈层界定在品牌核心的消费者上。所谓的"价值营销",就是用短视频宣传品牌时要被用户看到,引导用户喜欢。从"看"到"喜欢"的过程中,品牌与圈子实现了融合。

要重视整个平台的用户路径和触点。品牌方要植入热点风格内容,这是吸引用户的关键点。品牌在IP内容中的曝光方式和时间要符合用户的习惯,让用户在恰当的时间能够收到信息,而且及时反馈信息,实现互动。价值营销是建立在内容的基础上的,可以发挥明星效应,也可以建立粉丝社区,通过平台互动将联系点确定下来,向用户传递其所需要的信息。通过短视频进行品牌发布的过程中,有三个用户触点是需要注意的,即FLASH屏幕、焦点视频和搜索门户。

2. 圈层互动。在短视频营销中,要注意广泛接触受众,让受众变成粉丝,这样才会有更多的人观看短视频。圈层互动构成了小社会,品牌可以在圈子中传播,品牌内容要与各品类内容之间都有共同点。腾讯视频的热门内容品类中,除了受欢迎的剧集和综艺节目之外,还包括动画节目、体育节目、游戏节目、纪录片、音乐节目等,极大地满足了受众的需求。在粉丝社区中,粉丝之间还可以互动,以形成联动效应。

3. 圈层营销刺激用户的购买欲。采用价值营销的方法,从娱乐的角度展开短视频营销的同时,还要对短视频的内容准确定位,用在线游戏的形式将用户群扩大。比如，在百事可乐短视频营销中，将百事可乐联系到王嘉尔演唱会上，将两者在文化层面上建立关联性，促使用户之间互动，以刺激用户的购买欲望。

◇ 06 讲故事要注重场景，植入勿生硬

很多人不喜欢看广告，但是多数人喜欢听故事，这是因为广告的目的性很强，而故事的内容更加生动，场景的设置对观众具有感染力，因此，故事更容易吸引人。

品牌短视频要博得更多人的关注，就要讲述一个有感染力的故事，也就是让广告充满情怀，以故事的形式呈现在用户的面前。将品牌短视频中融入故事元素或者与之相关联的价值主张，而后整合为一个富有感染力的故事，可以很好地吸引用户的注意，给他们留下深刻的印象，并促使他们分享你的视频，这会让品牌拥有持续的传播力量。但是，在短视频中植入品牌不能生硬，要一切看起来顺理成章。

视频拍摄的过程中，品牌的属性和产品的功能都要通过故事情节体现出来，品牌信息准确地传递给目标用户，以避免广告信息给人带来的突兀之感。用生动有趣的内容来提高目标用户的视频完播率，提高用户的忠诚度和用户体验价值。

Lee的《好奇不灭》微电影中，用独创实验场景原生视频的方式

传播，获得了预期的效果。按照原来的计划，是通过推送短视频的方式引起消费者的关注，之后采用独特的发行模式加强推广，随着规模化流量增长，就会引发用户对品牌的注意，配合品牌营销计划与活动，达到持续引爆粉丝关注的效果。

也许有人不禁问："为什么别人的短视频过渡自然，内容连贯，而自己的视频看起来僵硬，就像是故意为之一样的呢？"事实上，许多短视频文案创作者都存在这个问题。之所以存在短视频缺乏连贯性和可视性，是因为不会转场。一个质量非常好的短视频，需要对场景巧妙地转换，让内容更加精彩，否则就有"画蛇添足"的可能。下面就介绍一些技巧。

1. 转场的时候要淡入淡出。淡入淡出，就是前一个镜头的图像由亮到暗，直到黑场为之，之后就切换到下一个镜头，由暗到亮，逐渐出现，直到正常亮度为止。淡入淡出可以避免观众的思路被打断，此时观众可以运用自己的想象力补充故事情节。当切换到新场景的时候，观众的想象中自然出现了切换的场景，就显得过渡很自然。在技术操作上，要根据视频的情节、人物的情绪、内容的节奏来进行。

2. 运用叠化转场的方法。所谓的"叠化"，就是前一个镜头的画面与后一个镜头的画面叠加起来，前一个镜头的画面逐渐淡化，后一个镜头的画面逐渐浮现出来，而且更加清晰了。叠化转场的方法，用于表达故事中的时空已经改变；表达梦中的场景或者是回忆。在叠加过渡的前后，两个镜头之间不是完全断开的，而是有几秒钟是内容重叠的，内容过渡得非常柔和。如果镜头质量不好的时候，就可以采用这种过渡的方式将镜头所存在的缺陷掩盖起来。

3. 用划像转场的方法。所谓的"划像"，就是两个画面之间的渐变，包括两种渐变方式，即划出的方式和划入的方式。划出的方式表示前一张画面以一定的方向离开屏幕；划入的方式表示下一张画面以一定的方向进入屏幕。在过渡的过程中，视频画面使用一定形状的分割线隔开。分界线的一边和另一边是不同的画面。分割线的移动中，另一边的画面取代了这边的画面。

4. 采用空镜头转场的方法。空镜头有两种类型：写景的空镜头和写物的空镜头。写景的空镜头是"风景镜头"，往往表现为全景或者远景。写物的空镜头是"细节描述"，通常用于表达近景或者特写。

空镜头所发挥的作用是介绍环境，表达时间，对人物的情感加以渲染。在运用的过程中，还可以发挥拟人的功能和对比的功能，并能起到隐喻的作用。

短视频要塑造抒发情感意境、对剧情节奏进行调节，就可以采用这种方式。

5. 短视频中还需要声音转场。声音转场就是用音乐、音频、解说、对话和画面等进行情景的过渡。利用声音的和谐性进行场景过渡，从一个画面自然地过渡到另一个画面，多会采用声音延续的方式，让前后画面的相似部分重叠，声音的相似部分也重叠，就可以自然过渡了。在声音过渡的过程中，时间和空间也发生了转换。

◇ 07 充分互动,让用户找到归属感

短视频与文字、图片、语音传递信息的方式有所不同,它是通过拍摄和编辑对视频美化,将生活场景中最吸引人的一面呈现出来。

这与手机拍摄视频后经过编辑美化并发布到社交平台上的操作很相似。短视频很像电视剧的简化版,类似于电视广告。目前的用户都可以按照自己的想法创建短视频,并且内容更加复杂,表达的思想更为丰富,一些生活的感受都可以生动地传达给受众,这也表达了人们对交流的渴望。

短视频的表达方式看似单一化,无法实现双向交流,事实上并非如此。一些人认为,短视频只能观看,无法参与其制作,虽然播放过程中能够互动,但制作的过程中不能交流,播放中的沟通局限于与视频内容相关的特定话题。

对于一些用户而言,最好的交流依然是文本、语音和视频的交流,因为交流的话题不会受到限制,交流的场景可以自选,交谈更为自由。所以,微信和QQ依然受到欢迎,它们就好像一个智能系统一样,可以通过各种方式满足服务需求。短视频则成了附属物,虽

然让信息的传达更加生动,却不能让用户产生归属感。

短视频真的不能给用户归属感吗?事实并非如此。从现在短视频行业的发展情况来看,其已经成为一个视频社交平台,而不是简单地定位于短视频播放。短视频行业通过敏锐的嗅觉了解了用户的需求,对市场予以准确定位。现在的短视频社交平台不仅操作简单,而且可以随心使用,让每个普通人都可以在这里分享生活。

以花椒直播为例。自从增加了MV短视频和"开趴"功能之后,花椒直播开始涉足社交领域。花椒投入大量的资金签约短视频达人,对于高质量的短视频内容还提供额外补贴。花椒短视频"开趴"功能是在原有的交友功能基础上的延伸,6个人可以用麦克相互交流。采用这种方法,视频版朋友圈逐渐建立起来。花椒的用户已经覆盖500多个城市,超过2亿,活跃在这个平台上的主播达到1500万。花椒直播的收入猛增,除去基本的运营以及人员方面的资金投入之外,剩下的收入都反哺给用户以及提供优质短视频内容的主播。

短视频流行起来,内容更加丰富多彩,有引人深思的,有令人捧腹大笑的,还有艺术欣赏层面的。在短视频中也会播放一些生活内容,展示生活技巧。用碎片时间登陆短视频平台,观看短视频后表达自己的看法,是当下很多短视频受众最常做的事。

短视频从娱乐属性起步,要走上社交道路是很艰难的。其与微信和QQ相比,社交功能起步晚,而且内容上缺乏垂直深耕,创新活力严重不足。但是,短视频与其他的信息传播平台相比,不仅传播快捷高效，而且形象生动，满足了快节奏人群沟通的需求。因此说，短视频成为当今时代的主流是当之无愧的。

短视频要让用户找到归属感，"曲线救国"是一个不错的方法。短视频运营的初期目标是获取粉丝，抛开名和利，走感情投资路线，发挥情感引导作用，才能吸引流量。只有让用户认可产品，认可产品的品牌价值，才能引导用户产生购买行为，从而获得订单，赢得利润。

短视频要让用户产生归属感，需要考虑如下几个方面。

1. 用户的归属感在于"叶子回根"，无论他们走到哪里，都能看到自己的家乡，感受到家乡的亲切。现在很多人因为生活的压力不得不离开自己的家乡到陌生的地方打拼、生活，这种思乡之情会慢慢积累起来。因此，将短视频运营控制在特定的社区内，播放其家乡文化的相关内容，流量自然就会有了。所以，短视频要注重运营方向，以满足社区用户的需求为根本。

2. 短视频采用社群运营的方式。以特定人群为目标制作短视频，播放的内容更集中，而且会提高用户的忠诚度。将兴趣相投的人聚集在一个群中，播放他们感兴趣的短视频内容是非常明智的做法。比如，抖音短视频用户和快手短视频用户的兴趣存在不同；天猫购物和京东购物虽然都是电子商务平台，但用户在选用平台的时候也是各取所需。京东购物可以货到付款，这也是其他购物平台所不具备的优势。

3. 短视频要专业化。短视频内容要看着顺眼才能吸引人。在人们快餐式的生活中，可以充分利用碎片时间观看短视频。如果短视频不够精彩，对于用户而言无疑是在浪费时间，当然就不会继续关注了。有些用户挤出一些时间是要观看有价值的短视频的，是为了获得有用的知识，为自己充电。如果短视频的制作很业余，文案创作肤浅，是很难打动人心的，又怎么能吸引粉丝呢？

短视频要专业化，需要长久的磨炼。推出高质量的短视频，可以证明你是一个品位很高的人。短视频播放形成气场，一个重要的元素就是让用户产生归属感，人脉也是因此而获得的，由此才能在短视频商业化的大潮中获得无限的价值。

◇ 08 时刻关注粉丝需求，及时参与回复

观看短视频后作出反馈的用户通常是有所需求的。用户的反馈与需求是等同的，当然，反馈中所包含的需求有很多，我们最为熟悉的就是吐槽式的反馈信息。用户需求反馈是短视频文案创作中的重要内容，针对用户提出的不同需求，处理方式上要具有针对性，如此才能进一步让用户对短视频产生新的体验。

短视频文案创作中，将用户需求作为文案的主要内容，由于用户的需求不同，文案内容的定位也不同，但这样做是为了满足所有用户。短视频中没有从单个用户的角度传播信息，因而不能构成群体效应，也难以实现有效传播。

短视频文案创作人员对用户需求反馈要时刻关注，及时回复，与用户深入沟通，明确用户真正的需求是什么。用户需求反馈多种多样，诸如视觉需求、功能需求以及交互需求等，一些用户还会指出错误、提出建议、作出评价。用户需求反馈并不都是有价值的，一些需求是有价值的，一些需求是无价值的。将没有价值的需求过滤，对剩下的有价值的需求细分，比如视觉类别、交互类别和功能

类别，这是留住用户的最重要的基础。但它只能保留少量用户，我们应该知道，用户是善变的，尤其是在面对免费产品和服务方面，如果同类产品能够更快更好地满足用户需求，用户就会背弃你。

有的产品经理会对用户的需求反馈转化。用户需求反馈往往更加直接，内容更加详细，而且表达精确，聪明的产品经理就会直接针对客户的需求对产品定位。如果是我们，是选择放弃该用户，还是选择转变产品的定位呢？这是比较纠结的，多数人都会选择对客户妥协，采用深入分析客户需求的方式对反馈转化，问题得到解决。既然用户提出的需求反馈是可以被利用起来解决问题的，就说明对解决方案反推可以分析用户真正的需求，而满足同一需求的解决方案有很多种，采取与产品定位相符合的方案，在满足用户需求的情况下还可以降低成本。

对用户的需求及时反馈并达到用户的满意，这是短视频运营的成功的一项重要标志。短视频不再是单纯地宣传产品，而是要发挥帮助用户解决问题的功能，除了包装和宣传之外，还需要将人文关怀融入其中，这样，就可以将个别的用户需求放大，成为多数用户的需求。这种回复的方式可以起到病毒式传播效应。也许有的用户不再有这方面的需求，采用这种回复方式就变成了真正的需求。在回复用户的过程中，给产品新的包装，就等于强化了宣传效应。

某一短视频为某知名咖啡连锁店宣传，强调这里的咖啡非常受欢迎，全国很多城市都有连锁店。

某用户评论说:"这个咖啡店我去过,一进去似乎进入上流社会,但仅局限于环境,东西一般,价格还很高。"

对这个评论分析可得出的信息是:用户主观地认为咖啡店塑造的是上流社会氛围;咖啡却非常难喝;价格也昂贵。

面对这样的评论时,要积极响应,要表达已经明确这个问题的存在了,会积极改进,对用户表示感谢,并告知用户会尽快作出令其更满意的产品。此外,请用户帮忙也是比较好的办法。让用户提出自己的想法,便于具有针对性地解决问题。

对于用户观看短视频后所提出的反馈,要及时回复,回复时要注意以下几点。

1. 对用户的需求回复的时候,要保持友好的态度,表达真诚的态度,回复的内容要专业。针对用户的负面信息回复,要对用户的观点表示认可,不要为自己辩护,更不能带有个人的情绪,以免激起用户的情绪。回复的语气不能夸张,不能斤斤计较,更不能冷嘲热讽,要做到不卑不亢,回复的信息要让用户信服。

2. 对用户的反馈要及时回复。对于用户所发布的评论,如果在几天之后回复,甚至一个月之后才回复,就等于没有回复一样。对于用户没有说的信息就不要在回复中提出,避免将产品的秘密泄露给用户,更不能将用户的隐私泄露出去。如果是文字回复,不可以有错别字,更不能出现标点符号错误,语言表达要正确、严谨。

3. 不要流露出让用户帮助我们的语言,诸如"有助于我们……"

"以便我们……"用户是从自身的利益出发反馈，没有义务帮助产品提升知名度。不妨换一种表达方式，比如"如果您能够……对我们非常有帮助，非常感谢您！"语气要有亲和力，但要专业化，不要过于官方。

◇ 09 持续推出粉丝参与制作的话题和活动

短视频在很大程度上是视频网站所倡导的用户参与创作的视频内容，然而在短视频刚刚兴起的阶段，用户在视频的制作上不具有专业性，所以更愿意作为旁观者和传播者，这就导致视频网站成为影视剧的第二载体。

现在网络越来越发达，信息传播速度越来越快，可以同步实现所见即所得，用户制作短视频的热情被激发了起来，对分享短视频产生了浓厚的兴趣，智能手机的摄像功能趋于标准化，制作短视频更加容易，这些客观因素都促使参与短视频制作的用户逐渐多了起来。

短视频与社交媒体整合，原创内容更有创新性，而且短视频传播中，结合文字和图片的使用，补充了传统社交媒体平台所存在的不足。短视频与社交媒体整合之后，短视频在社交媒体上快速传播，用户的参与感更强，也更容易挖掘出高质量的内容。

新魔力玩具学校做了一个短片节目，拍摄的重要内容是玩具分享和评估，然后引导消费者购买玩具。由于头条的视频播出量比较高,播放量比较稳定,成为变现的主要渠道。新魔力玩具学校的用户是儿童,视频内容的风格也是清新愉快的。

视频画面选用的颜色都非常鲜艳,目的是引起孩子们的注意。短视频内容是玩具评价,其将产品的细节展示出来,操作玩具,让小朋友们觉得这种玩具非常有趣、好玩。

短视频的文案创作中,将节目定位在儿童观看后的感官体验上。短视频的亮点是几个主持人非常友好,也受到小朋友们的欢迎,这是吸粉的一个重要原因。除了玩具评价之外,还会播放玩具的新奇玩法,与孩子们共同分享,听取孩子们的想法,这就更加让粉丝有信任感。到后期的购买阶段,变现就容易得多了。

BENNY董子初是以美妆为主题的化妆品销售视频,不仅粉丝的数量多,而且拥有很高的粉丝忠诚度,BENNY董子初也由此实现了电商变现。BENNY董子初是著名品牌联盟CROXX的合作伙伴,有自己的淘宝店,变现能力是非常强的。

BENNY董子初将短视频与电商结合起来并获得成功,仅仅在短视频方面就有很多值得学习之处。

BENNY董子初的视频介绍往往从自黑开始,犀利的语言风格非常个性化。在制作开篇和结尾的时候,那种风格给人留下了深刻印象。BENNY董子初用这种方式快速吸粉,增强了粉丝的忠诚度。

BENNY董子初短片的视频头像是非常直观的,让用户一眼就能看到这个视频主要谈的是什么,这也是其特色之处。看似简单粗暴,其实非常方便用户点击视频查看内容。

  一个成功的短视频栏目可以长期发展，其中的一个重要原因是视频的品质高，吸引了用户参与活动。在介绍化妆品的时候，细分了更多的类别，诸如国货专题、欧美专题、日货专题等。在价格的划分上也非常详细，100元以内的化妆品、超过100元的化妆品等。在短视频中，除了化妆品之外，还会对化妆品中所含有的成分，以及适合不同肤质的人群加以介绍。这些优质的内容更加吸引用户互动，还可以发起用户发声，针对短视频内容的制作进行讨论，由此博得了粉丝的信任，为后期的转化创造了必不可少的条件。

  BENNY董子初的与众不同之处在于，不会强调自己产品的推荐，而是陈述其他同类产品的优点和不足，与自己的产品对比，都是干货，不仅不会引起用户的反感，反而会让用户想更多地了解一下他的产品。

  BENNY董子初有自己的品牌窗口，用户能清楚地看到品牌橱窗。短视频中经常提到他自己的店铺，还开展抽奖活动。由此可见，BENNY董子初的变现能力之强。

  要激发用户参与互动的意识，需要制作一些用户感兴趣的活动或者话题。不妨采用如下方法。

  1. 开展挑战性的活动。用户在分享短视频的同时，也需要得到自我满足，参与创作是最好的方式。当用户看到别人为自己打赏或者点赞的时候，会产生成就感。想要将用户的好胜心理充分利用起来，开展竞赛活动是比较好的方法。并且还能以此来为短视频宣传增加人气。

2. 增加创作的趣味性。鼓励用户参与创作，要求创作的流程简单，成果的分享容易，而且要充满趣味性。产品宣传中，让用户获得更好的体验，简单、直接会更好一些，看似粗暴，却更容易被用户接受。

3. 培养用户养成创作习惯。用户参与短视频创作是文案内容中的一部分。要让用户养成创作的习惯，就要将有关的规则制定出来。将用户参与短视频创作的活动游戏化，制定游戏规则，让用户按照规则来"玩游戏"。当用户熟悉了玩法之后，就逐渐养成了习惯，形成了对平台的黏性。

◇ 10 为忠诚用户提供高附加价值

短视频的商业价值不断被挖掘出来，粉丝也以惊人的速度在持续增长着。现在的短视频用户，平均每天浏览短视频的时间大约为半小时。一些短视频平台在运行的过程中，流量不断增加，吸引了更多的品牌合作。这种营销模式不断翻新，无形中增强了粉丝对它的好感。

很多人都知道，直播的带货效应要比短视频强一些，可是，很多商家却在短视频制作上下大力气，这是什么原因呢？短视频的优点在于，在电子商务中可以长期吸引，而不是满足于短暂的爆发。直播无法沉淀粉丝，短视频则可以做到这一点。直播如果间断7天，粉丝就会不断地掉，可如果短视频即便内容不更新，仍然可以吸粉。

直播的交易转型虽然较高，但无法满足品牌方沉淀流量的需求。所以，品牌传播更需要短视频。短视频可以创造信任圈，还会不断地突破原有的信任度圈层。用户对短视频充满信任，当然也会为此买单。随着短视频信任度的提高，品牌溢价能力增强，附加值提升，在同类产品中的竞争力也会逐步增强。

美国著名的BEN&JERRY'S冰淇淋品牌在Instagram上发布了一个关于他们冰淇淋制作过程的短视频,展示了食品加工的安全性,无形中吸粉无数。此外,在拍摄产品视频的同时,还回答了客户的问题,这更为品牌带来了更高的附加值。

短视频的播放时间很短,一般的展示都在15秒之内完成。虽然视频的播放速度很快,但用户观看的过程中若是漏掉某个环节,还可以回放观看,这都是它的优势所在。

海尔曾经发起短视频挑战赛。其与一位平衡大师合作,在正在运行的海尔洗衣机上竖立叠放四枚硬币。视频仅仅播放38秒,点击率就达到几十万,更重要的是,海尔洗衣机通过"运行的洗衣机上立硬币"活动证实产品的良好性能,使得海尔产品在行业内树立了较好的口碑。

很多人认为品牌的人性化是正确的,但又不知道该怎么做。短视频营销提供了展示品牌个性化的机会,新的竞争模式已然启动了。短视频的播放时间短,需要在短时间将重点表达出来,并传递给粉丝。GE通用电气公司经常在VINE发布富于创意的6秒视频,非常简短,却让用户获得了很多有价值的信息。

短视频提高附加值可以增强用户的忠诚度,具体的做法如下。

1. 采用网红带货的方法收割粉丝。用短视频开展营销活动,借助"网红"的影响力来推广自己的品牌产品,效果是非常好的。短视频的发布者和受众的身份不是固定不变的,而是不断变化的,用户更容易被视频中的内容引导,从而产生购买欲望。比如,抖音中发表一条奶茶配方,即"可以打开新世界大门",焦糖奶茶、布丁、青稞、少冰、不含糖一个都不能少。这段短视频获得了20多万条好评,引发了CoCo排队热潮,抖音用户蜂拥而至。

短视频的商业合作中,播放的内容要不断地推陈出新,吸粉的方式也要作出调整,避免让用户产生审美疲劳。在短视频内容中,经产品内容软性植入,可以提升内容的趣味性,吸引更多的用户。一旦短视频的内容与用户产生共鸣,就会催生二次传播,形成裂变,由此便会扩大宣传效应,深度聚拢粉丝,品牌的形象也就变得更立体了。

2. 短视频的内容要有较大的自由度。很多的短视频走的是幽默风趣的路线,其中的人物、情节在音乐的配合下,给人以欢乐感。用户在开怀一笑之后,更愿意将短视频分享给朋友。短视频的内容与产品结合起来,合作方式不再采用传统广告的宣传方式,而是在内容上有更多的自由度,这不会影响用户的体验,反倒会让产品所具备的特点在短视频内容的播放中呈现出来。

现在的一些短视频用萌宠代言,萌宠的形象可爱,行动和表情软萌有趣,再将产品内容植入其中,是很容易受到用户欢迎的。

3. 短视频营销中要提高附加值。短视频的传播要多元化。比如,短视频在微博上传播,包括网友和粉丝都可以自发传播,这就产生了传播效果的裂变，获得的效果是单一化传播方式不能比拟的。短视频营销中，要打破固定模式，为品牌与用户的沟通塑造平台，在宣传产品的同时，深入挖掘用户的需求，以实现创意营销。

◇ 11 用情感驱动连接用户

在智能化、数字化发展的背景下，受众心理需求和情感需求的变化推动了短视频市场呈现出新的态势，使得短视频内容越来越感性。采用情感营销的方式，就是从满足短视频用户的情感需求出发，发挥情感带动作用，催化灵魂心灵的共鸣，让视频更受关注，促使品牌的温度提升。

在抖音平台上曾有一条非常火的视频，如果只是看视频内容，不过是一个人坐在出租车里拍的窗外的城市画面，画面里是不断呼啸而过的车流，逐渐后退的树，阴暗的天空，是很多人坐车都可以看到的画面。从视频内容上来说，这条视频平平无奇，画面没有那么精致，也没有什么突发的事情，也没有可以吸引人眼球的关注点。但是它的文案写的是"背井离乡来到这座城市已经四年了，还是一无所有。明天又要交房租了，感觉快要撑不下去了。看到的朋友能给我点个赞，鼓励一下我吗？"

这样的文案配上车窗外城市的风景，我们立即就会联想到我们自己，我们也都是这个城市里的漂泊者，多多少少都曾遇到过类似的境况，引发共鸣。这个视频很快就有40多万点赞。

　　内容创作者想要用情感驱动链接用户，可以用能够引起大家回忆的，比如我们经常看到的一些短视频内容，小时候你有没有做过这些事，"80后"都看过的动画片，"90后"都吃过的食物。当我们看到这些内容的时候，就会产生无限的遐想，怀念过去，想起过去的人和过去的事。视频内容也可以是向往某种生活的，比如，大多数公司办公室的氛围往往都是枯燥的、无趣的。而办公室小野就是通过办公室里的各种物品来做各种各样的操作，让很多人都觉得非常神奇，原来办公室还可以这么玩，我也想试试。

　　999感冒灵短视频广告《总有人偷偷爱着你》打的便是情感牌，在传播情感的过程中，将品牌理念和企业文化融入了其中，与受众产生共鸣，基于此，用户对品牌也更容易接受并认可。

　　这个短视频是在2017年的感恩节播放的，将6个故事串联，而故事的结局出现了反转。播放的时间是4分26秒，全网点击量破2亿。

　　在《总有人偷偷爱着你》的前篇，每个情节之后都会出现一行文字做进一步说明，"每个人都自顾不暇，没有人会在乎你的感受"体现了人性的孤独；"每个人都小心翼翼地活着，没有人在乎你的境遇"述说的是内心的苦楚；"行色匆匆的人群里，你并不特别也不会被优待"体现的是那种颓废的情绪不尽言表；"你的苦楚，不过是别人眼里的笑话"表现的是满心充满了绝望；"人心冷漠的世界里，每个人都无处可逃"传递出的是内心充满了无奈。简单的表达让广告要传播的内涵更为直观,情感从中自然地流露出来。后篇则表达了情感的珍贵,很多人只看到了人性的冷漠,却没有感觉到温情。采用这种鲜明对比的方式,目的即是刺激人们的思维,激发脑海中渴望乐观生活的因子。

用情感驱动的方法与用户之间密切联系,短视频所输出的丰富情感与品牌理念也将融为一体,并一起传递出来,用故事化的宣传方式感染用户,让用户感到温暖,会延长用户对短视频内容的记忆度。那么,如何用情感驱动用户呢?

1. 青年亚文化是青年群体流行的一种文化形式,体现为颓废的情绪,情感中带有悲观色彩。这种文化用语言、画面以及文字的形式表达出来,对青年人产生了强烈的带入感。这种文化形式起到了情感引导的作用,将青年用户的注意力引导到了产品介绍的内容当中,使他们进一步了解产品的细节。

2. 短视频中的故事要表达真情实感。故事的叙事结构对消费者是很有吸引力的。短视频文案创作者要对故事的脉络进行梳理,并尽量让后面的情节令人难以预料,如此让用户带着猜测看下去,更能沉浸在故事情节中,潜意识中也就接受了产品宣传。

《总有人偷偷爱着你》的结局是意料之外的,却又在情理之中。主人公们的生活充满艰辛却又感到无助,负面情绪达到了顶峰。难道这个世界就是这个样子的吗?如果是这样,该怎么办呢?总不能颓废下去吧?结局是,陌生人对抑郁症患者表达着关怀;报亭大叔将小偷吓退了;交警没有责难白领,而是帮忙扣上了油箱盖;看见快递员赶时间,一名好心人从电梯里走出来,让快递员走进电梯。一个个感人的故事不停地上演着……

现代的社会环境中,人们的真实情感更加私密化,虽然远亲不如近邻,但近邻在电梯里碰见的时候,恐怕也是陌生的面孔。网络虚拟空间被塑造出来,情感的满足方式更加单向化,而且匿名化,但对于现代的人们而言,这是最为安全的情感表达方式,也更能够从中获得满足。

◇ 12 保持高格调，打造垂直 PGC

新媒体为用户创造短视频提供了新的机会，特别是如今人们已经普遍使用智能手机，网络速度不断提升，网络资费逐渐下降，用户有了创造短视频的空间，短视频的内容越来越丰富，已经从原有的UGC转向PGC阶段，使短视频从原有的野蛮生长逐渐生态化，并向产业化方向发展。

优质的内容永远都是少数，生产好内容同样需要成本，拥有制作资源的用户更容易受到推荐，获得关注，最终坐拥粉丝数十万甚至几百万，成为新晋网红。伴随这种情况的，是大量的普通用户被淹没，难以收割到粉丝。短视频平台虽然支持 UGC(用户自产内容)产出，但显然由于其门槛性，PGC(专业机构生产内容)才是平台重点。现在PGC短视频非常盛行，许多媒体人也加入PGC短视频制作的行列，对传统媒体产生了冲击力，广告投放方式也因此发生了改变，网络名人、网络红人应运而生，成为一种当前较为时尚的义化现象。

在制作短视频的过程中，在写短视频脚本、确定镜头的角度以及视频的风格方面，粉丝看视频的角度是重点考虑的问题。短视频与普通电影、电视剧以及综艺节目等有所不同，一个最突出的特点就是播放的时间很短，而且粉丝主要在移动终端上观看。播放屏幕越小，从视觉上看会降低画面冲击力，对受众也难以形成感染力。

在信息传递中，主要的方法就是在PGC短视频中设置特写镜头，在特定的场景中给粉丝不同的视觉体验，让受众对视频主要信息有所把握。远观景物容易抓住重点，近距离观看可以察觉微妙之处，容易令人产生情感的冲动。而用短视频传播有价值的信息，更能够被关注。短视频中使用特写，能够将事物的神秘性更好地表达出来，包括内容制作者的内心活动以及要突出的情感都可以呈现。特写可以对事物的细节准确描述，而且还能给人以美感。

PGC短视频的制作离不开布景，布景要有特色，才能将视频的主题突出，达到感动观众的效果。短视频播放的时间短，这是优点，同时也是缺点。

PGC短视频要将主题突出，就需要采用微小叙事的手法，按照事件的发展顺序将要表达的主题有节奏地展开，尽量做到短小精悍，表现情怀主题的时候可以适当地使用蒙太奇。

现在我们所看到的PGC短片内容多具有后现代思想，其中的内容都是碎片化呈现的。后现代主义与现代的文化意识持有不同的立场，甚至是背道而驰的，这在短视频中能体现出来，消费主义的姿态成为代表，对短视频的制作具有一定的影响。具有代表性的PGC短视频包括"papi酱""谷阿莫"等，其中的"papi酱"是一个人扮演几个角色，采用分镜头方法，经过剪辑和整理之后获得需要的效果。倒装蒙太奇在PGC短视频的使用，也是后现代主义的表现。

用户自己使用智能手机拍摄短视频，可以突破互联网技术领域视频制作专业化的现象。在衡量短视频为代表的视频碎片的价值标准上，已经不再局限于专业视角，而是逐渐转向草根视角，传统网络视频的内容来源得到优化，观看的视角也得到优化。目前，很多的短视频平台都是从普通人的视角出发将视频的内容扩展，包括"快手"和"抖音"都采用了这种方法。

短视频除了播放的时间短之外，还可以将矛盾冲突准确地展示出来，对热点话题起到了引导作用，与时尚热点相呼应，让粉丝参与互动，引爆视频。目前的短视频作品主要采用剪辑的方法，之后对碎片内容整合，不再使用常规的叙事结构，这是对传统视频的突破，短视频的作用也正在于此。但是，在打造垂直短视频的时候，在制作的模式上也会存在一些问题，特别是当前"网红经济"崛起，专业化的视频制作团队也参与到短视频作品的制作中，使得垂直PGC内容更加规范，却无法实现规模效应，其中的一个主要问题是没有实现品牌化。

垂直PGC视频内容要实现差异化，突出自身与众不同的特点，在短视频市场上能够被准确识别，才能摆脱内容同质化的问题。内容标准缺失，使得短视频传播环境的健康性成为问题，会影响到受众的价值取向。

垂直短视频要保持高格调，要注重品牌化建设。在短视频市场竞争日益激烈的时代，RSS技术在短视频PGC模式的发展中起着重要的作用。它可以对大量的视频内容进行分类处理，广泛传播信息内容。基于互联网技术构建有文化内涵的PGC视频内容，可以提高用户的层次，稳定用户群。

在移动互联网时代，PGC视频的用户体验在现阶段不容忽视。一般来说，基于移动互联网技术的PGC短视频用户体验主要体现在感官、可用性以及情感方面。在体验短视频内容的时候，画质体验更为直观，主题体验和形式体验要求更高，这也是短视频制作者或运营商所关注的。PGC视频的制作中，合理使用过滤技术和动、静态贴纸技术，能够按照用户的要求制作接入，让用户有更好的感官体验。垂直PGC视频制作中，算法技术是必不可少的，根据粉丝的实际情况将数据模型制定出来，通过运行模型了解粉丝的需求，基于此制作的短视频可以提高粉丝的满意度。

第5章
短视频带货,场景营销的文案架构

◇ 01 营销场景化,激发消费者的购买欲

由于近两年短视频流量呈爆发之势,越来越多的人和企业进入短视频领域,想要通过短视频赚取一波红利。用短视频进行营销,塑造开放的媒体环境很重要。但也会存在媒体环境越开放,传播效率越低的现象,主要是靠一次曝光吸引粉丝,很难让粉丝对产品集中注意力。用场景强调内容,将情境与产品之间建立关联性,通过塑造人际关系博得粉丝的关注。

通过短视频带货,就要让内容真正占领粉丝的心灵,用短视频建立人际关系,提高粉丝的关注度,在此基础上突出场景。这项工作不是一次完成的,而是要不断地积累经验,在场景中塑造沟通的模式,不断地完善,以起到良好的带货效应。

在抖音上,有一个运营仅仅两周的新账号,粉丝并不多,不到5000人。可是这个账号却通过短视频佣金收益突破了20万。视频乍一看没什么亮点,但是文案思路非常清晰,在有限的时间内,只表达了一个主旨——美白。短视频带货还有天然的感官刺激优势,相较于图文,音乐的刺激和短平快的视频节奏,更能够刺激用户在碎

片时间内快速作出购买冲动。

短视频带货,与淘宝不相同,需要将产品添加到视频电商橱窗,等于是在自己的抖音中开设了一个店,创造一个大型的流量池。很多人有些不解,在没有产品的情况下,这样的一个店是怎么卖货的呢?其实就是通过建立流量渠道带动卖货的,在商品电商橱窗中卖货,还可以链接到淘宝中,将佣金预先设置好之后,只要卖出产品,佣金就会自动进入到抖音账户中。

抖音卖货的渠道很简单,点开商品橱窗中的链接,粉丝选好产品后点击购买,付款后就完成了操作。抖音视频点击购买的方式更加直观。所以,销量达到4500万并不是神话。

新媒体的多样化为短视频带货创造了条件,场景更加年轻化,传播的内容更加符合粉丝的心理性。在情景的带动下沟通,情感效应发挥作用,促使人将自己的心里话讲出去。人们渴望有抒发情感的空间,希望自己的声音被听到,自己的心情被理解。在火山小视频平台上,与粉丝的交互过程主要是通过弹幕。粉丝在观看视频的过程中通过弹幕进行交流,产生奖励行为。弹幕的内容可以在短视频直播的过程中实时呈现,可以起到通讯工具的作用,主要是对食品内容的表达,更加直接而且真实,起到了带动作用。用场景带动弹幕效应实现粉丝互动是带货的重要形式。

纵观抖音大V排行榜,排名靠前的账号在场景化方面都做得比较到位,带货效果也更好。从粉丝的角度而言,直播是通过开放场景呈现的，粉丝通过在线实时通信参与到其中，不仅形成了良好的沟通，而且这种互动更加有趣味性。

短视频带货效应要持续下去，就必须发挥传播空间的作用。空间越大，带货效应越容易持续下去。以短视频营销为基础，让粉丝参与短视频场景中，让粉丝坚持观看，还要做到营销场景与产品宣传渠道的有机结合，通过链接进行产品销售。

抖音的口号是"抖音短视频，记录美好生活"。有场景才能带动人的情绪，懂玩法才能塑造合适的场景，营造消费场景的目的就是为粉丝提供满意的服务，让他们对产品心怡。

"泡泡面膜"是大家熟知的网红产品，在抖音平台上仅仅依靠传统的广告进行地毯式投放是不够的，还需要有创意的场景，内容幽默有趣，才能打造短视频营销神话。在一些人看来，也许百思不得其解，但是网购已经成为生活中不可或缺的一部分，无论在什么平台上，只要赢取了消费者的信任，让消费者觉得物有所值，他们就会购买。

无论是传统广告还是短视频，都需要有消费场景的展现。事实上，如果没有深入人心的情境，怎么能激发粉丝的使用需求呢？一款新上市粉底液上线三天就成为爆款，产品在商品橱窗的点击量超过290万。左右面膜泥单价80元，临近"双11"的时候批量投放。成功的短视频带货，随着产品的曝光，销售量也快速上升，店铺的流量不仅增加了，产品也成为口碑很好的网红产品。

抖音更注重产品的营销场景，每条视频投放初期只有5000流量，经过视频评判之后不符合优质视频的标准，平台就不会继续推流了。超过了优质视频标准的短视频，就能获得非常大的流量，产品也会成为爆款。抖音视频的转换率是非常好的，塑造良好的营销背景非常重要。

如果产品有料，就要通过营销场景体现出来，透过场景说故事，强调卖点，让粉丝觉得好玩又有趣。"泡泡面膜"就是用这种带货方式，在场景中将产品的特点和内容结合起来播放，粉丝的注意力很快就被有趣的产品吸引了。

用各种生活场景带入是比较好的办法，达人将自己的真实感受分享给粉丝，让产品在场景中很自然地呈现。采用展现产品功能的视频内容进行推广，达人在生活场景中将产品的特点非常自如地展现出来，强调卖点，能够提高转化率。

当然也可以用剧情吸引粉丝的眼球，然后将剧情转向产品，剧情有梗对粉丝极具吸引力，带入产品卖点更容易引起共鸣，产生冲动性购买的动作。

在设计产品背景的时候，为产品设计背景内容，定好了达人就可以将内容投放出去。这可是个技术活，不是好的内容就有吸引力，好的操作才能让看起来不起眼的内容起死回生。将适合的内容形式确定之后，布设达人矩阵，针对内容精准推广，将产品在抖音平台上精准投放，才能获得预期的带货效果。

塑造高质量的营销场景，重在提高产品的质量，让内容更加生动，打动人心。优质内容可以将粉丝的好奇心激发起来，有趣的内容更容易让粉丝接受，这样才能令粉丝无私投入。在场景的设计中，家庭、情感和友谊都是可以选择的主题，给粉丝以极大的自我体验，购买欲望更容易被激发起来。高质量的场景能让消费者进入到体验空间中，调动粉丝的感官。在场景中，人是有生命的元素。在场景中体现人际关系，突出生活方式，明确消费原因。场合不同，人的行为也会有所不同。生活场景要与粉丝相关，引导粉丝进入到虚拟的生活场景中，提高人与场景的和谐度，更容易博得粉丝的认同，之后用情感沟通的方式将场景效应维持下去，对带货很有好处。

将产品在视频场景中播放出来，要确定与观众相关的点，以故事的方式呈现。要注意挖掘场景的内涵，将产品与故事融为一体，让粉丝有良好的感官体验，购物的欲望也被激发起来。

◇ 02 打造专属的短视频生态圈

短视频市场已经成为一种生态竞争圈,将视频的内容、产品宣传渠道和变现结合为一体。短视频带货效应要很好地发挥出来,就要提高短视频播放质量,增加粉丝的渗透,才能将产品卖出去。

短视频的巨大流量是非常诱人的。很多人都见识了短视频超强的带货能力,包括宜家冰淇淋、青稞奶茶、佩奇手表等都在短视频的带动下成为"网红产品"。很多个人和商家创建短视频账号,希望自己能成为带货达人,创造属于自己的神话。但很多人没有成功,是由于没有把握住短视频的特点,所拍摄的视频没有产生巨大的流量,也就无法将产品带火。也有很多人玩短视频,粉丝已经超过了百万,却不懂得运用短视频带货的方法,在运营的过程中,没有获得相应的经济利润。短视频的引流、吸粉是重要的环节,是带货的必经之路,但是有些账号的粉丝却只是受众,没有转化为消费者,自己的付出没有实现价值。

要更好地发挥短视频带货的作用,脚本文案非常重要。短视频的内容和质量是引流的关键,通过播放精彩视频博得关注,获得赞许。也许一些人不知道,看似随意播放的短视频却能成为爆红的抖音短视频,其实都是经过精心策划的结果。并且,短视频账号想要培养出忠实粉丝,让粉丝转化为消费者,需要持续不断地产出优质的短视频。想要通过短视频带货,在制作短视频的时候,内容上要有创意,将产品广告巧妙地植入其中。

短视频账号具有消息自动回复的权限,将这个权限设置好之后,可以在日常的工作中不断向粉丝发送私信内容,将产品的独特之处和亮点都呈现出来,让粉丝自主搜索,同样可以创造可观的流量。

电商时代的一个重要标志就是社交平台不仅用于交流,还可以发挥营销的作用,且能够在平台上结算。一些人选择利用微信小程序带货的方式,抖音依然是可利用的平台,将小程序充分运用,发挥其强大的变现能力,不仅可以吸粉,还可以变现。很多人不理解,为什么小小的程序能够发挥如此大的威力,其强大的变现能力非常重要。用微信制作短视频生态环境,将小程序开放为流量入口,将其微信流量池的优势充分发挥出来,不需要下载,而且操作的速度非常快。

现在人们的工作和生活中时间观念很强,因此,时间已经碎片化了,等地铁、上卫生间的时间追剧是不够用的,但是看个一两分钟的小视频是没有问题的。有的幽默搞怪,有的秀商业创意,有的是技能分享,用见缝插针的方式让自己放松,换换脑子,生活会变得更加充实。一位短视频粉丝说:"短视频大多表现力强,加上时间短,所以时间成本很低,观看非常方便,当然还能够看到一些产品,也许这些产品正是自己所需要的。"

可见,短视频不仅要满足粉丝的需求,要精准带货,还要运行商业模式,将粉丝的消费时间精确化,让粉丝短时间内就认定一个产品,并抢购。虽然短视频已经成为媒体时代的宠儿,但一度成为短视频"第一网红"的papi酱已经淡出公众视野。一个"把办公室当厨房"的短片作者,以1500万次的播放量成为冠军。根据关键数据计算出的综合得分几乎是papi酱的两倍。人们发现,用蜡烛煮火锅、用瓷砖煎牛排、编织方便面等办公室"花式美食"引起了不少上班族的关注,在粉丝热议的过程中起到了宣传作用。每个短视频都有成千上万的粉丝转发,而且还引发评论。通过打造专属短视频生态圈,当粉丝一想到某个产品的时候,就会找到专门播放有关内容的短视频平台。而短视频想要吸引粉丝的眼球,就要让短视频成为互联网流量的新入口。从各大短视频平台迅速崛起的情况来看,每天数十亿条视频的播出。短视频的最终目的不只是将内容与粉丝分享,也不局限于社交平台的作用,所有的做法都是为了变现。这就意味着短视频为个人的盈利创造新的契机。

在短视频带货的过程中可以通过网络板块启动热点话题的议论,一些短视频的内容虽然缺乏原创性,但可以用技术编辑的方式解决,否则很难将粉丝变成铁粉。目前的短视频市场已经成为一个集内容、渠道、变现为一体的生态种族，核心竞争手段就是打造高质量的短视频。

热门短视频让带货更加轻松，短视频直播也可以增强带货能力。直播与短视频的产业链在本质上是基本相同的。对于直播来说，帮助分析改变消费习惯很重要，将原来的内容形式扩展为短视频的形式，用短视频的方式播出，可以增强其社交属性，提高粉丝的黏性。短视频应用开启直播功能，使其更具实时性和交互性。为了增加直接现金流渠道，然后推广短视频平台供应商，用"直播+短视频"融合的方式更能获得良好的带货效果。

精品短视频要发挥带货作用，将产业链建立起来，实现短视频带货的产业化运行，也是为自己创造更多的机会。将智能云视频平台构建起来，实现了视频识别、处理、分发、回放等全链条产品的智能化，让产品有识别力，为粉丝提供增值服务，使短视频和直播平台更加注重内容的制作，在文案创作上更有新意，有创造力的短视频带货能力更强。

是不是很多人都有这样的感觉，刷短视频的时候，注意力高度集中，深陷其中，当回过神来的时候，两个小时的时间悄悄溜走了。短视频软件正在让我们对新事物有更多的需求度，而且对营销产品有较高的敏感度，而不是对文字的需求度，对产品有较高的耐心度。用户在使用这些软件时已经形成思维惯性，他们没有耐心去读长篇大论，希望在短视频中轻轻松松获得自己所需要的。短视频带货就是利用了这种粉丝心理，给用户以沉浸式体验，让其沉浸在短视频当中的时候，却没有发现自己已进入营销环境中，这就是短视频的营销手段正在发挥作用。

◇ 03 如何设计你的短视频名片

蒙台梭利说过"我听过了,我就忘了;我看见了,我就记得了;我做过了,我就理解了。"

你有没有经历过一些没有价值的社交活动?参加过各种聚会、论坛、相亲、酒局……之后收到了很多名片,可当你真的需要帮助的时候,却记不起哪个人是自己所需要的了。相信很多人会有这样的体验。那么,你有没有想过扩展高质量的人际关系圈,交更多有价值的朋友,获得更有效的资源呢?设计好名片很重要,这是让人记住你的第一步。

当我们看短视频的时候,会不会问:"西安为什么成为网红城市,今日头条短视频中为什么有关西安的短视频非常多?"

城市名片的内容是旅游记录,可大大增加城市知名度。

抖音上关于西安的视频量已经超过61万条,点赞总量也已经超过1亿,西安成为"抖音之城"。

兵马俑、钟鼓楼、大雁塔、永兴坊,这些成为短视频的地方标识,都在抖音上走红。粉丝观看短视频,也在体现西安古都的文化。

肉夹馍、摔碗酒，用短视频呈现，宣传地域文化，真有无心插柳的意味。短视频内容有一定的功利性，带动消费的能力减弱，未必能获得良好的传播效果。用网红景点作为名片，将美好地带作为亮点是有趣的玩法。抖音成为记录美好的工具。抖音将风土人情记录下来，展示地方特色，不是为了宣传，而是要将这些代表文明的东西记录下来，让人不要错失美好而产生遗憾。

短视频将极具文化内涵的地方特色产品记录下来，呈现特色景观和标志性建筑，让大众对一座城市有新的认识并作为参照对象。短视频的记录是瞬间呈现的，作为虚拟的地标，也是城市形象的观察口。

名片究竟有多重要？也许我们曾和某个人活跃在同一个社交圈里，虽然经常见面，但相互之间并不是很了解，由此便会错过一些合作发展的机会。如何在最短的时间给你留下深刻印象，成为需要思考的问题。在短视频设计中也是如此，在文案中突出自己的特色，除了思路清晰、话题内容精彩之外，还要态度诚恳，形象大方。在现实中需要的是一张普通名片，而在短视频中则需要短视频名片。用短视频树立个人形象，通过视频内容将个人形象和产品的信息完美融合，通过手机、PAD等移动终端在互联网和移动互联网上迅速传播。除了个人短视频名片、个人形象卡、个人微电影外，还可以展示产品的形象。

现实中，不是用了所有的科技就可以成就自己的事业，不是所有的优质产品都能有市场，也不是所有有良知的企业都具有很强的竞争力。日常的社交活动是必不可少的。此时，如果有一个简单、直接、信息量大、包装轻薄的个人短视频名片，对于一些不爱说话、不愿意积极社交的人来说，将会解决很多问题。也许很多人没有想到，通过视频二维码对名片进行扫描，直接弹出一段介绍个人、企业产品的视频，那将是怎样的一番情景——可谓是瞬间抢占了发言权！

以往，第一次见面往往是从一张名片开始，借助名片上高质量的设计，通过公司的标志和口号进行品牌输出，以给客户留下深刻印象。这是传统销售中最常见的做法，但事实上，线下见面时间会相对难以协调，营销现场也逐渐变得需要线上+线下了。

现在大多数销售人员收到名片后很容易丢失，据统计，近九成的名片送出去之后都会丢失，发出去的名片不知道丢到哪儿去了。塑造短视频名片，给人印象深刻的程度会超过普通名片。

如何把握"电梯演讲30秒"给人留下良好的第一印象，成为决定后续工作成败的关键因素。如果能在不到一分钟的时间里用短视频吸引人们的眼球，留住那些"赶时间"的粉丝，让他们对自己和自己的产品印象更深刻，就等于赢了一大半。设计好短视频名片需要注意以下几个方面。

1. 没有人能阻止那些致力于娱乐和碎片化的短视频。做好短视频名片、个人形象名片等成品内容，开发属于自己的独特之处，将自身的魅力展现出来，用各种创意的个人短视频名片代替传统名片，呈现给一直支持我们的粉丝和客户，这已经成了一种必然趋势。文本的力量是有限的，而完成一段短视频让客户观看，这远比早已准备好的传统话术更有吸引力。

随着时间越来越分散，如何在短时间内获得粉丝的更多关注，成为所有文案人员关心的问题。新媒体营销的兴起，有赖于碎片化的时间占据了大量粉丝的注意力。很多的短视频平台会给粉丝留下深刻印象，让粉丝只记住自己，忽视与其他平台的互动。当然，商品交易不能只靠一个短视频来促进。短视频对粉丝来说只是一块敲门砖，后续转型非常重要，也是真正的销售实力的体现。

2. 通过短视频来留住粉丝，还要通过微信与粉丝互动，进行更加深入的沟通。"视频名片"是友好沟通的关键，它能让我们和产品留给粉丝更好的印象。它用不到一分钟的时间替换了复杂的单词、枯燥的语言，真正地将枯燥变成了简单和有趣。它不仅可以更好地展示企业形象或产品信息，而且可以将粉丝的注意力吸引到其他视频上，最终实现变现的目的。

◇ 04 快速收集素材的方法

想要营造良好的消费场景，制作出爆款视频，让粉丝心甘情愿为产品买单，就要创作出好的故事或场景脚本文案。好的素材是好的文案的基础，如何才能快速收集好的素材，制作出爆款视频，带动产品销售呢？

其中一个比较实用的搜集素材的方式，就是借助搜索引擎。无论是哪一款搜索引擎，搜索栏都有一个下拉框，下拉框中都是近期的热门事件，我们可以从中挑选合适的内容作为素材。

我们还可以从自己身上寻找素材。有一个人高中上了不到两年辍学回家，创业开饭店破产了，还背着20多万的债务。为了生存，自己从零开始当服务员、做快递小哥……自从接触短视频之后，发现了再创业的好机会，于是投身其中，不仅创业成功，还成立了自己的团队。他用自己经历的真实内容制作抖音视频，不仅可以抒发自己的感想，还能让有相似经历的粉丝产生共鸣，感人之处就可以将粉丝的情绪带动起来，此时将产品信息输入进去，粉丝依然沉浸其中，带货效应就发挥出来了。

自身的经历是独一无二的，而且从自己身上取材是最方便的。无论是个人的经历、个人的作品，还是个人的思考等都是非常好的素材。当与你的经历类似的选题热点出现时，就能够第一时间将经历融合热点创造出最新的短视频，再不济，也能蹭个热度。此外，我们还可以用二次加工的方法对以前的素材进行重复利用，比如今年的自己和去年的自己进行对比，又可以产出新的内容。

用扩展方法收集素材也是不错的。比如，想进入汽车领域，在不了解汽车的情况下，很难找到合适的汽车资源，这不是问题。你可以用扩展主题的方法，比如女司机、车祸、公路暴怒、种族、男司机等，这些都是与汽车有关的内容。找到这些素材，公众可以使用不同的关键字视频网站上搜索信息，海量的信息中总有自己需要的。

新浪微博也是一个非常好的素材来源，在微博上有许多领域的大V和名人，他们所发布的内容往往都是最前沿的信息。我们可以关注其中比较感兴趣的几个分类，就能找到很多相关素材。微博上还有热门话题排行榜，通过微博我们可以第一时间了解最新的热门话题。此外，还有门户网站，门户网站每天都会更新大量的资讯，并且信息是真实可信的。根据门户网站的推送机制，我们还可以从中了解当下人们的兴趣点。我们从微博和门户网站选择视频材料的时候，要选择容易使用的，与带动的产品相关。

微信和朋友圈也是我们获得素材重要的渠道。微信作为一款亲朋好友间的聊天工具，你与朋友的对话中，就可以获得很多素材。当你看多了朋友圈的吐槽以及各种烦恼，做一期"当代年轻人的共同苦恼"或者"朋友圈吐槽的你屏蔽了谁"，这些内容也是非常不错的。

除此之外，还可以模仿其他人的视频。模仿的方法也可谓是推陈出新。找成功行业模拟，然后让自己制作的短视频超越他，他们怎么玩你就跟着怎么玩，不断地练习、调整、优化，继而到短视频爆发的程度，就可以成功带货了。记住，你只有花更多的时间去坚持自己想要做的事，才会得到更好的结果。

记得偷师学艺永远是有效的。制作短视频的时候，自己不懂的要虚心向别人请教，也可以偷偷地学习别人如何操作。一开始主要采用的方式是模拟，但是要有所超越，将自己的特色打造出来。此外要给自己定下目标，有目标才有动力。当遇到瓶颈的时候，使用所有方法都无效时，花钱请老师是最快的学习方式。

选好短视频的题目很重要。多看手机视频，高播放量的视频要注意账号信息，然后去看看这个账号最近的数据状态，对数据进行分析。无论它编辑哪个程序，都要按照分析的结果进行，他是跑者，你也是跑者，他是"跨界歌王"，你也是"跨界歌王"。

短视频操作模式不可复杂，要尽量简单化。找一个简单、机械，可以重复运作的方式。在自主操作的时候，不需要考虑标题一致性，但要考虑风格的一致性，还要坚持发布。

如果做不了太复杂的视频，我们还可以进行一些日常操作，比如每天介绍一部电影的片段，或者每天介绍一段小说内容，也可以每天介绍一道菜，都是可行的方法。

我们在收集到素材之后，一定要按照素材的类型、不同的场景进行分类存储，这样在需要的时候很快就可以将其提取出来。在拍摄视频时，也不仅仅是将素材进行简单的拼接剪辑，而是把握住短视频的整体风格，搭配上合适的脚本文案和背景音乐，如果有需要还可以配上特效。这样一来，文案、场景、音乐、特效完美融合，才能让短视频受到粉丝的欢迎，点赞量和带货能力也会大大提升。

◇ 05 关注热门，自带流量

短视频最根本的东西是什么？短视频最根本的东西就是内容。而内容的本质就是流量，无论是短视频达人还是企业官方账号，不管我们看到的视频内容是什么，其实都是在做流量，只不过他们所采用的方式不同罢了。

如果让短视频有自己的流量，是不是更容易受欢迎呢？那么，怎么能让短视频带来自己的流量呢？靠点赞或者评论是不够的，而是要自带流量。

近年来，比较火的短视频——抖音大力发展内容信息流业务，而且更加注重短视频的布局。其质量有所保证，在于原创，能够让人看过短视频后产生思考。所以，在制作短视频的时候，要记住不要复制别人的作品，要保持原创。即使你想不出一个好主意，也不要抄袭别人的作品，而是要有自己的独特之处。否则，虽然它可能会给你带来一些流量，但它不会得到推荐，也不会受到广泛的欢迎。

由于智能手机软硬件技术的突破，手机像素越来越高，视频应用的特效技术和编辑技术越来越容易掌握，短视频制作的门槛降低，促使短视频迅速崛起,这是一个重要原因,而最为根本的原因则是曝光时间和低成本。

一些粉丝的单个视频可以获得数千万粉丝的点击。发出短视频作品后,可以获得点赞和评论。从中可以看出自己的视频是否受粉丝的欢迎,是否还有改进的空间,评论的目的是引导粉丝打开你的评论区进行互动。

短视频创作者要根据视频的完成率来判断视频的基本质量,比如你的视频有15秒,粉丝只需观看5秒就可以知道全部的内容,这样一来就会切换到其他视频。这就说明短视频的吸引力太低,不能制造流量。所以在制作视频时,尽量压缩内容,制作真正的"短"视频,同时提高内容质量。以李佳琦为例,先通过场景、借势引起粉丝欲望,如"口红中的爱马仕,万元蝴蝶结口红";然后介绍产品的特色,使用体验,适合哪些人群,讲述潜在消费者所关心的细节;接着借势抱大腿,如那英用过、舒淇用过、欧阳娜娜推荐;视频最后用自己独特的语言进一步刺激消费者,"OMG,买它买它"。这样直观的消费场景再加上有诱惑力的借势文案,自带相当一部分流量,让消费者主动关注产品和品牌,并产生购买行为。

从技术角度而言,每天的头条都是以社会数据为初步写照,需要予以高度关注,根据粉丝使用行为不断更新完善粉丝结构,对粉丝合理布局,以推送你感兴趣的内容,在信息的表层之下,是强大的技术逻辑。因此,我们要对热点进行实时追踪,要在短视频脚本创作时，把热点话题带入进去，这样一来，视频就会自带一部分流量。

在热点出现之后，我们首先要做的就是判断该热点是否导向正确，能否为我所用，发挥出其最大价值。在进行内容制作时，不仅仅是单纯地讲述热点，而是要有自己的理解和创新，并将其与自己的产品完美结合起来。杜蕾斯在热点事件时所展现的创意就非常出色，杜蕾斯的广告往往既贴合了广告，又给人以深刻印象，简单有趣。文案创作者可以从以往优秀的借势热点的文案中吸取相关经验，将其应用到短视频创作中，创作出更多有趣有新意又能自带流量的短视频。

要想自带流量，还要做好哪些工作呢？

1. 抖音账号需要一个好名字，及时树立一个人的标识，这是对自己的准确定位，让别人记住自己。名字需要与某个品类或领域建立等价关系，比如，一提到马云，就会想到他名下的淘宝、阿里巴巴，提到小米，非雷军莫属。抖音账号的名字要容易被记住，如果粉丝看了这个名字之后记忆深刻，理解清晰，就会降低产品传播的成本，这对后期的引流变现非常重要。由此可见，想要自带流量，就要有一个好的名字，要好记忆、好理解、好传播。一个好名字，是很容易让人记住的，一提到名字，就会给人一定的印象。

2. 要让自己的短视频自带流量，带动产品，不仅要关注热点，还要明确自己的定位。短视频是否有自己的流量，这一点当你开始玩短视频的时候就可以明确了。你需要关注热点，并帮助自己成长，还要吸收大量的粉丝。这是一开始容易获得数据量的方法。同时，加入自己的想法。

3. 短视频更新的过程中还要做好技术维护工作。短视频要不断地更新，最好以更新简短视频为起点，让粉丝每天都能看到新内容。通常一天两个简短的视频是比较好的。此外，最好有连续的内容输出，就像电视连续剧一样，这样可以吸引粉丝时刻关注短视频，粉丝的黏性即会在这个过程中增强。不要忘记选对音乐的重要性。短视频的背景音乐可以起到渲染氛围的作用。抖音短片仍然注重音乐的选择。音乐和内容的绝佳匹配将使整个短片更有趣，播放的环节也会增加人们的舒适感。如果音乐和内容相悖，短视频看起来就会很糟糕，是不会受到粉丝欢迎的。短视频要有留言区，让粉丝带动产品销售才能成功变现。短视频播放的过程中，对留言区的内容也要多加注意。发现短视频评论量不够时，可以逐个回复，如果回复量过大，可以选择一些比较好的评论进行回复，保持与粉丝之间的互动。

◇ 06 多样场景，形象呈现

短视频的场景营销不仅可以在社交和流量平台上实现，还可以在嵌入式平台上实现，推广大众综艺。比如，优酷有一个综艺节目《疯狂的衣橱》，里面有穿着盛装的名人。在明星秀上，现场展示各种主题、各种娱乐和时尚。明星衣柜可以与这个综艺节目合作，比如制作明星在综艺节目中所做主题的短视频，并在他们的应用程序中发布，引导消费者购买，教他们如何搭配，也可以在综艺节目中以便装为主题展开活动制作视频短片，与明星PK，打造热门话题。品牌通过短视频和综艺节目合作，均可以场景为主，发挥宣传的作用，这必然能获得不错的推广效果，对商家的品牌也是一次很好的宣传。

2016年，papi酱和艾克里里的人气上升，反映了草根阶层的崛起，也显示了互联网红色经济的巨大潜力。短视频为网络名人打开了内容和创意的平台，基于舆论领袖的影响力，他们制作了短视频，特别是具有商业营销性质的内容，已经逐渐进入普通粉丝的视野。

以张大奕为例，她的短视频都很受欢迎，她的每一个短片都是关于她的产品的介绍，在搭配上也令人耳目一新。在短视频的评论中，经常可以看到粉丝问她在这个视频中穿什么牌子的衣服，用什么牌子的化妆品。粉丝可以通过观看短视频，受到她的影响而购买她穿的衣服和卖的衣服。客户的购买欲望，离不开她在短视频中对产品的现场展示。

短视频场景非常重要，所以在文案的创作中要多用心布局场景。用意见领袖推动短视频场景营销。以明星为代表的舆论领袖，在短视频的整体发展中始终扮演着至关重要的角色。舆论领袖推动的短视频传播主要体现在意见领袖制作的视频内容往往会被大众模仿，根据自己的需要改编，而且还添加了幽默风趣的素材。意见领袖使用短视频社交软件，将引导更多粉丝跟风，这增强了粉丝对短视频及相关应用的认知。发挥"光环效应"，对粉丝也会起到驱动的作用。若想通过视频软件制作属于自己的内容，务必要加大团队合作力度，还要做到包装专业化。

在短视频中设置故事化的场景。为了在短时间内吸引视频粉丝的注意，企业或品牌必须发布一些实用信息，内容上也要有创意，让粉丝看到之后觉得有价值。学习抖音的营销创意，参照一些小品牌的营销视频，做一些有趣的视频，视频的内容要与产品相关，可不是花钱买流量那么简单，要做到让粉丝喜欢看，看起来就开心，才能持久带货。

短视频的情景营销要求品牌所有者充分利用短视频所具有的社

会属性。企业可以使用产品或热门话题来制作有趣的短视频，吸引粉丝的注意力，让他们互动，对带货起到推波助澜的作用。

好内容是链接品牌与用户的基本条件。在2018年7月，一间24小时"美好生活映像馆"诞生，用短视频的方式表达好物。在第一季开创性的展映中，便将创作的灵感，锁定在香奈儿J12腕表之上。跨越12个美好时刻、还原12段，香奈儿成为标的物，令人感到生活被艺术化了。其所代表的是年轻一代在探索中还要注重品质生活，有勇往直前的生活态度，还要有塑造健康生活的决心。当杨洋化身为都市里实现梦想的年轻人时，他就成了繁华都市中的风景线，他享受科技带来的便利，也是在向年轻人展示自己的精神世界，让年轻人对未来始终保有美好的期待。这是"年轻态"的生活理念，借由视频表达美好的明天，让粉丝从认知到认可。

此外，我们还可以通过剧情式、故事化的场景对产品信息进行更加生动地传达，将产品和品牌完整又有深度地呈现给用户，不仅能够吸引用户购买产品，还会让用户对该品牌的品牌价值有所了解，将短视频的传播势能发挥到最大。

◇ 07 反转剧情,更感惊奇

在很多情况下,影响受众判断和态度的不是信息本身,而是信息符号——对信息持有感性认识,不是理性分析。短视频观众的思维定式和他们脑海中某些标记符号建立联系,就会对短视频内容产生深刻印记。在短视频文案创作中,可以充分运用观众的这种情绪化判断方式,通过翻转剧情给观众以惊奇感,从而对短视频的内容久久不忘。

2017年年底,一些有趣的视频在互联网上疯传。男孩时髦英俊,女孩却胖到200斤。这种反差,让网友们有了不少评论:女孩一定是个富婆!面对质疑,男孩曝光了两年前女孩的照片,照片中的女孩又瘦又可爱。原来是很瘦的,后来变成了小胖子,反差萌动"小两口"在网上走红,这个美女的"胖"无疑是"幸福胖"。

这对夫妇制作了减肥趣事视频,并在视频网站上发布,吸引了大批网友观看。这一天,为了突出对比效果,女孩头发蓬乱,没有化妆,坐在餐桌旁,交叉着双腿,啃着鸡腿,还来了一个大白眼。男孩拿出手机,向观众展示了两年前女孩的精美照片。视频中,女孩近200斤的身材与手机里的无敌美女形成鲜明对比。当他们第二天起床时，他们的视频账号增加了100万粉丝。视频下面，有很多评论，大多是针对女孩的。多是反面的评论，也是对不理解的表达。男孩则表示，我们在一起这么久了，我喜欢的不是女孩的外表，而是女孩的内心。

女孩放声大笑。她男朋友的表白让她非常踏实。也许观众都不会想到，这则甜蜜的视频在网上疯狂传播！

短视频翻转剧情，如果处理不当，不仅不能吸粉，反而会导致负面影响。采用正确的方式可以获得较好的效果。

抖音上有这样一段翻转剧情。标题"精神病院"。

甲：院长

乙：病人

丙：病人

场景：室内

甲走过来准备进去，被乙拦住。

乙：站住！你是干什么的？

甲：我是上级派来找你们首长的。

乙：首长正在休息……

丙：让他进来吧！

乙：是！

甲开门进去，看见丙在写东西，就走过去。

甲：您在写什么呢？

丙：写信！

甲：写给谁呢？

丙：写给我自己。

甲：都写些什么呢？

丙：你猪啊！我都没收到怎么知道写的是什么呢？

当看到最后的时候，观众从惊奇到大笑，效果当然是没的说。在抖音上，有一位通过反转剧情带货的美妆达人"叶公子"，她的视频整体内容给用户展现的就是从丑变美的过程，通过这样特定的丑女逆袭成功的场景模式，叶公子吸引到了1600多万粉丝，1.5亿点赞。

那么，如何进行剧情反转呢？分散的信息更容易被传播。随着媒体技术的不断升级，粉丝成为信息挖掘的对象。短视频播放的时间短，可以向粉丝传播零散的信息。开始将信息整合在一起，之后划分为不同的播放环节，将每个环节制作为短视频，像连续剧一样播放。之后，随着剧情推进真相逐渐浮出水面，这会让粉丝看到短视频之后有豁然开朗之感。在与粉丝互动之后，要对观众的态度作出正确的判断。粉丝在观看短视频的时候，由于播放的时间比较短，并不会理性分析，而是更多的感性认识，采用反转剧情的方法可以发挥舆论效应，让观众参与到下一个环节的短视频制作中，这使得短视频更符合观众的喜好，从而令短视频更被观众所期待。

◇ 08 提升演技，让品牌展示更生动形象

短视频非常流行，一部智能手机就可以搞定一切。现在，主要平台都有支持政策，做得好的，月收入3万到5万元是很正常的，但要赚更多的钱却不容易了，这涉及短视频的策划、拍摄的灯光、演员的演技等。

短视频比长视频要求更高，需要通过镜头的一些变化和丰富的视听语言来保证持续对观众产生吸引力。我们经常看到一个人在短视频里对着镜头说话，就像独白一样。但精彩的短片，需要场景不断变化，需要新鲜度。在短视频里通常有很多对话，对话用字幕体现出来，要比长视频快，字幕的角度要做好调整。现在有很多短片拍摄都是由一个人承担，一个人扮演多重角色，这就要注意空间的变化。例如，当一个人同时扮演A和B两个角色时，导演应该记住自己主要拍摄A的角色时，与B角色之间的关系。当换成B的时候，角色关系必须和以前完全一样，如果改变了，观众会认为有穿帮镜头。为了避免这种现象发生，可以用一些后期的编辑方法来弥补材料的不足。例如，当发现景物的材质非常单一时，就使用编辑来改变景

物。当我们看到材料的节奏很慢时,就可以使用加速的手段,或者可以减少一些对话。

在使用音乐和音频的时候,许多人特别关注短视频的视觉冲击和声音效果,这是很有必要的,因为这会使整个短视频具有更丰富的听觉。听觉和视觉的结合将给粉丝呈现出一个完美的短视频效果,而这都将成为提升品牌形象的最强动力。

短视频平台要想在短视频争夺战中要获得一定的成就,就需要更多地思考如何专注地打造优质内容,并将产品的创新点表达出来。抖音是一款主打年轻人社交的产品,不仅承载了头条的社交愿望,更承载着许多粉丝对自我表达的期望。将更多的社交精力用到对熟人的关系维护上,增进亲密关系成为短视频文案需要做的事情。亲密关系需要建立在熟人关系链的基础上,由于头条系产品在社交关系链资源上比较薄弱,虽然靠着抖音传播产品信息,但抖音作为内容平台,自身就缺乏社交关系链沉淀。使用红包视频,对视频进行特效处理,使用合适的表情包,在特色功能点上实现创新,只有这些是不够的,建立社交熟人关系链非常重要。

同时,要想更生动形象地展示品牌,还需要掌握一定的摄影技巧和方法。

1. 室内光线略弱于室外光线。如果条件允许,最好在室内照明,且有三盏灯来保证你的光线。

2. 由于室内拍摄空间狭窄、有限,需要运用一些手段来创造空间，确保场景丰富。可以用一些组合的道具来创造空间，比如我们摆一张桌子，铺上桌布，放上两个酒杯，倒上红酒，如此，类似高档餐厅的感觉就会显现出来；再如，我们可以把电脑放在桌子上，再摆上文件夹和键盘，这就是办公室的场景。

其实，观众想看到的不是你的场景有多豪华，而是你的场景要有创意。尽管道具很便宜也很简单，但你的表现却可以大不相同。

3. 由于室内拍摄空间有限，距离和深度可能不够，所以需要演员的表演、动作和延伸来拓宽空间。比如，演员可以从左到右环顾四周，让观众觉得空间比较大；演员可以看着远处，以拓展空间的深度，等等。

要拍出精彩的短视频，演技也是非常重要的。

1. 剧本策划。短视频的时长通常都在5分钟之内，因此，我们需要把前期的剧本策划得十分精彩，才能吸引观众的眼球。视频编剧可以参考如下建议：

我们必须能讲故事，有讲故事的思维。无论是搞笑、音乐、访谈，还是纪录片等短片，我们都需要讲故事，且要有一个清晰的故事线。

在剧本中尽量使用短句。短句节奏快，不要用长句，这会消耗听众的耐心。

主题要很明确。一开始，要从要点入手，说到重点。许多人会在短视频中设置一些笑话。如果我们不确定这些笑话是不是好笑，可以在剧本出来后读给周围的人听，以作为测试。

2. 提高演技。许多短片演员都是半生不熟的，演技还有提高的空间，下面是对初学者的一些建议。

当你面对镜头时，要有一个积极的态度。短视频是为了娱乐，不是为了看你的苦瓜脸。如果一个态度消极和一个态度积极的人同时出现在一个镜头中，相信你更喜欢关注态度积极的人。

控制好自己的声音。很多人认为现场有扩音器，声音和平时一样。其实，在镜头前的表现和我们日常的交流是不一样的。你需要有意识地控制自己的声音，这样观众才能感受到你声音的魅力和吸引力。

丰富的肢体语言。演员需要设置丰富的肢体动作，若始终如一，保持一个动作，可能就会让观众昏昏欲睡。演员的表情要丰富夸张，这样才能在镜头前产生冲击力。

有些人平时说话口若悬河，但让他们对着镜头时，马上就无法开口说话了。怯场的原因有很多，主要是对内容和环境不熟悉。最好的方法是有意识地练习，在镜头前体验你的感受。每天洗脸的时候，对着镜子说一句话。镜子是个神奇的东西，它不仅反映了形象，也反映了你的内在，这相当于是给自己一个反馈。慢慢地，你就会找到感觉了。

◇ 09 软性植入才更无违和感

我们每个人每天都要接收各种各样的广告，已经对传统广告失去了兴趣，也失去了耐心。于是很多广告主会在广告中高频次地植入产品，这种方式让消费者对广告更加厌恶。短视频时代，每个人的时间本来就非常紧张，如果用户打开短视频，看到的是硬性的产品植入，肯定会毫不犹豫地滑过去，不再多看第二眼。

在短视频时代，想要通过短视频带货，就必须更有创意，让用户看了毫无违和感。当然，如果产品本来就很好玩，就意味着自带话题性，那么就不需要绕弯子了，直接用短视频展示产品就可以达到预期效果。比如，抖音上有一款笔记本，不仅有纸和笔，还有令人意想不到的2个移动电源、3根充电线和1个U盘。这个创意是很独特的，在抖音上直接将本子展示出来，给观众呈现使用过程就可以了，自然会有人在评论中留言："链接在哪？我要去买！"

抖音的软性植入需要挖掘产品的用途，可以脑洞大开，让产品有更多的跨界用途，让人拍案叫绝。比如，海底捞非常好吃据说是因为底料的搭配，海底捞顺应抖音吃法，将"网红秘诀"推了出来。

再比如，一座大楼本身没有什么不同之处，但是在大楼上玩"俄罗斯方块"就能产生不同的反响，于是就会有人与这座"网红大楼"合影留念。

采用软性植入的方法，让短视频的内容更容易令人接受。

短视频中植入一些有创意的内容，是从双方的目标受众来看，旅游船和游轮都是针对同一个人的。可是，在对内容进行处理后，变得有情有感，效果就不一样了。将产品的内容隐在其中，包括产品的名字、特征以及多种用途都在短视频中体现出来。比如，一个快速阅读"狗之血"漫画，因为这部动画片是在速读动画片中发表的，所以在影片的结尾会播放广告，直接引导观众——如果你想看这幅漫画，请下载快速阅读漫画。

总之，视频的植入要得当，整体表达不能让观众厌烦，这是原创广告的优势所在。比如，在短视频中不仅可以植入产品，还可以露出品牌LOGO，但是产品和品牌LOGO出现的位置和方法很重要，不能影响视频的整体观看效果。

现在广告商已经变得聪明起来，为了避免出现非投资渠道屏蔽品牌的情况，他们要求广告直接嵌入作品中。

因为产品宣传本身就是节目的内容，如果以后去掉、遮挡处理或编辑，节目本身就没有建立起来，这也是短视频宣传产品的优势所在。

在短视频中植入广告，要注意以下几点。

1. 选择与内容匹配的广告商。例如，我们的内容往往具有娱乐性，因此我们可以专注于对接游戏的广告商。网络游戏的自然流动性优势一直是网络广告的品尝者。

2. "软植入"是受众感知到的植入。现在"软植入"和"硬植入"的界限越来越模糊。我们可以看到，papi酱和戏精牡丹在内容上直接展示了品牌，不过他们把品牌和产品植入得十分巧妙，观众并不厌倦。相比之下，有些短视频账号在火爆之后，大量植入广告，并且植入方式非常生硬，不仅无法起到带货的作用，反而会失去很多粉丝。因此，软植入还需要从受众的角度出发。

3. 保证内容的统一，关心粉丝的感受。对于短视频而言，宣传产品固然很重要，但如果要通过短视频来推广产品，短视频的内容和调性不能与以往视频反差太大，不能为了宣传产品而不管粉丝的感情，否则就会让大批粉丝感到失落，那就得不偿失了。

南方都市报官方微博曾经发出一段视频，引来众多网友的转发和评论。那是北京大学的自画像版"你快乐吗"微视频。这个话题，相信很多人都不陌生。虽然这是北大学生自拍版，在编辑加工上也很用心，搞出了很多笑话，但还是有很多读者发现，这是一场媒体和品牌玩的宣传游戏。而在视频中多次出现的腾讯QQ让众人认为，其实这不是偶然的。

品牌更注重内容营销。在各种形式中，最流行的是视频（或缩微胶片）。这种软广告的质量越来越高，内容也越来越丰富有趣。这似乎是通过热点话题来发力的最快方式,比如,从江南风格衍生出的济南风格的酒店宣传视频,从中国好声音衍生出的"中国好卫生纸"的宣传视频等。短视频观看不受时间和地点限制,只需要在手机上打开短视频APP就能随时随地观看、浏览视频,并且还可以随时回放,这自然会得到品牌公司的青睐。

◇ 10 秀科技，让你的产品更有说服力

短视频时代，企业都希望通过视频来实现更好的宣传，从而使产品的形象得到重塑。随着科学技术的不断进步，产品所使用的科技越来越复杂，通过短视频对产品的科技知识进行科普，可以展示企业的科技实力，也可以增强其品牌影响力，让目标群体了解企业的产品，进而吸引更多消费群体的关注，这也是现代企业产品宣传的终极目标。

现在的年轻人虽然对于有趣、好玩的视频更有兴趣，但是他们对于科技关注度一点也不低。抖音上的"科技公元"就是一个专业的科技普及自媒体账号，该账号短视频所讲述的都是最前沿的科技信息和科技资讯。就是这样一个非常严肃的短视频账号，粉丝数量却高达1600多万，1.9亿点赞。

对于流行的科学内容创建者来说，短视频平台给了他们更多的展示空间。

一方面，现有的数十秒视频有利于科学知识的传播。视频内容创建者在有限的时间内，对科学内容进行创造性的包装，使用户能

够在最短的时间内通过碎片化的内容学习到有效的科学知识。

另一方面，通过向内容创建者开放视频时间许可，可以扩大科普内容的知识容量。毕竟，并不是所有的科学知识都能在短短的几十秒钟内被清晰地解释清楚，更长的视频权限有助于科普内容创作者制作出更多增量的短科学视频。

短视频为代表的新兴传播手段拉近了科学技术与普通民众之间的距离，让科学知识变得真切可感，让用户了解到科技进展渗透在生活的方方面面。当前科技类短视频依旧是蓝海，只要内容足够新颖，足够引起人们的好奇心，必然能得到更多人的关注。高科技企业和科普类账号可以充分利用这一点，用短视频来进行科技产品推广。

在短视频平台上，一些科技公司可以通过短视频来展示公司的最新研究成果，让粉丝通过短视频对其产品产生好奇心，从而对其进行持续关注。有些品牌还可以展示产品制作的流程，让粉丝知道其经常使用的某类产品是如何生产出来的，也可以通过视频宣传产品的维修方法和相关科技知识，还可以分享产品不为大众所知的更便捷的使用方法。一些对科技感兴趣的个人，也可以通过短视频向大众普及他们所关心的一些科学知识，并且还可以推荐相关的科技产品，让普通人学到科学知识的同时，也能享受科技带给人们的便利，这是一种非常有潜力的变现方式。

如果企业和商家账号仅仅是宣传自己的产品，很容易引起粉丝的厌烦，而分享相关的科技和新产品的消息不仅可以让粉丝对产品更加了解，对品牌更加忠诚，还会带来二次传播，吸引更多的粉丝，形成良好的互动和循环，也可以更好地变现。

最近一段时间，科技知识类短视频的数量呈上升趋势。尽管它们仍然是"少数"视频。根据调查，它们占了短视频流量市场的25%，接近热门的化妆品时尚视频。

传统上，科技视频的对象往往是高学历宅男。一般来说，这些人具有一定的实践能力和欣赏能力；并具有很强的消费能力。

这些人有一定的知识储备，普通的视频内容很难吸引他们的注意力，所以面对这样的人，"干货"是视频创作者需要考虑的首要任务。什么是干货？能引导人们思考和积累知识的就是干货。

如今，我们在市场上看到的大多数视频营销数字都是打着知识旗号的数字，他们翻译、编辑外网收集的视频，然后贴上令人困惑的标题，上传到视频网站，从而完成知识的传播和推广。而这些所谓的知识内容更接近新闻信息。他们传播的"知识"与其说是一种真正可以用于我们日常生活的知识，不如说是一种快速衰退的产品。当粉丝是普通的受众时，这种操作几乎是百试百灵的，但当粉丝是一个特定的技术视频观看者时，这种相当敷衍的行为就原形毕露了。

但是，真正有内容的科技类短视频还是非常受欢迎的。据抖音公布的数据，截至2019年2月28日，抖音上粉丝过万的知识类创作者近2.7万个，累计发布超过520万知识类短视频，累计播放量近5296

亿。其中科普内容累计播放量已超过3500亿,条均播放量高出抖音整体条均播放量近4倍,用户点赞量已超过125亿。

短视频平台不仅给一些科学家和科研单位提供了展示的平台,还可以让产品所蕴含的科学技术更加真实地呈现在用户面前,让粉丝对产品更加了解、更加忠诚,从而促进产品的销量和品牌的传播。

第6章
短视频变现实操,掘金网红经济时代

◇ 01 短视频卖货，选品很重要

新手用短视频卖货都是零门槛，只要能进入平台就可以采用各种方式卖货。短视频平台带货已经成为一种趋势，不仅操作简单，而且变现更加容易。对于短视频从业者而言，要收回成本并获得丰厚的回报，现在是最好的时机。

我们看到很多人都在用短视频带货，但并不是所有的人都能用这种方式让产品热卖，这就说明，短视频仅仅是一个平台，要达到爆火的程度，还需要很多的因素。比如，在选择产品的时候，要选择高品质且被粉丝热衷的产品，在短视频文案中要将产品特点及功能体现出来，还需要配合音乐将短视频的情境渲染得非常美好。另外，短视频的发布时间也非常讲究，还要注意视频拍摄的角度。

短视频带货要提高效益，选品是非常重要的环节。如果这个环节没有做好，即便播放量非常大，点赞的数量非常多，带货能力也不会很强，造成短视频带货失败。

短视频爆款产品的选品也是有方法的。对于不超过100元的产品，用短视频带货，通过对粉丝进行感官刺激就可以让他们冲动消费。不超过100元的产品对于粉丝而言压力不是很大,很快就能作出消费决策。对于卖货而言,价格低也是一种优势。如果粉丝看短视频的时候,发现喜欢的产品,但价格却比较高,就不会有购买欲望了。对于决定不购买的产品,当然也不会关注,很有可能对观看短视频也失去了兴趣。

通常,比较理性的粉丝遇到高价格的产品时,都需要更多的时间考虑。在考虑的过程中会产生各种不需要购买的因素,导致短视频带货的效率降低。

很多年轻人喜欢在短视频平台买产品,如果价格便宜,即便暂时不需要也会买,这种购买行为不是有目的的购买,而是为了获得快乐,寻求这种行为带来的心理满足感。购物不是为了需要,而是为了体验这种感觉。如果对产品没有设定合理的价格,粉丝就需要时间思考,犹豫的过程中很有可能失去购买的欲望,结果就放弃购买。所以,选品的时候,最好产品的价格不要超过100元。对于很多的短视频用户而言,100元是比较敏感的心理底线,不超过50元是最好的,虽然是薄利,但是可以多销。一些日常用品是可以囤货的,诸如洗碗用具、纸巾等,都可以打造成短视频爆款产品。采用领券的方式,100多元的产品,领券之后就可以低于100元了,这种能够激发粉丝的购买欲望。

价格低的产品还有一个重要的优势,就是不需要发挥品牌效应。价格低本身对粉丝就很有吸引力,只要他们的购买欲望被带动起来,即便对自己用途不大的产品，也会趁着便宜购买，并且对购买产品没有心理负担。

如果我们留心就会发现，短视频平台上销售量比较高的产品是平台上经常出现的产品。这些产品供货能力明显是没有问题的，因为销售量非常惊人，而且反馈也很好。卖得好的产品是经得起消费者考验的，看看反馈信息就知道了。由此可见，只要是价格低的产品，销售量越大，就越能激发其购买欲望。如果是有较高知名度的产品，价格适中也能很好地变现。

借助工具变现是比较常用的方法。将有效的工具利用起来，在短视频平台上找到转化率比较高的东西，将商品点赞量高的视频找出来观看，看看同行是如何操作短视频带货的。多学习一些成功经验，将自己的创意加进去，甚至可以翻拍后进行处理，成为具有自己特色的短视频，也能够获得很不错的效果。撰写短视频带货文案，首先需要注意的是，文案要为电商产品提供服务，使短视频播放之后可以成功带货。

短视频内容的定位要准确，文案的内容要符合调性且垂直，并且要坚持长期、稳定地投放，不能三天打鱼两天晒网，不同阶段播放的内容要有连续性。比如下面的文案：

每个人都向往幸福，可是，一段婚姻是需要经历考验的，需要两个人都努力才能走上幸福的道路。可是，后面的剧情出现变化了，情侣吵架，似乎要落入到异地恋的俗套中。此时，女主角来到全家

Family Mart的咖啡店，当品味抹茶拿铁的味道的时候，听着老板介绍抹茶的来源，感受到爱情就好像这咖啡一样，有些苦，还渗透着甜。幸福是什么样的，谁也不知道，给幸福以很高的定位，就难以令人愉快，无论如何，幸福就好像这一杯咖啡一样，只要我在手中细细品尝，就会感到生活的美好，体会周围人带来的温暖。

我们都希望自己的短视频能够火爆，带火产品，可是，并不是所有产品都是受欢迎的。我们需要将可能购买产品的粉丝定位之后，对产品赋予情感，就能对粉丝群体很好地把握。

全家的产品定位在年轻群体，主要是白领，那种文艺风格让产品散发着清新的感觉。虽然故事不是很精彩，这种文案风格却是耳目一新的，特别是丰富的情感有些鸡汤的味道，却不会令人产生心理排斥感。从这个小案例可以明确，所谓的"调性"，要有清晰的思路，还要注入情感，烘托出与产品相适应的气氛。

理性购物的人在购买产品的时候以刚需为主。这些人不具有丰富的想象力，主要是根据自己的需要选择。如何让这类群体感性购物呢？播放短视频的目的是激发这些人对产品的联想，觉得购买这个产品要比同类产品更值。

将产品的想象空间塑造出来，需要考虑数量问题，还要考虑搭配，必要的时候可以用赠品增加附加值。产品可以单个销售，也可以批量销售，如何销售能让粉丝觉得自己是占便宜了呢？单卖产品，让粉丝对产品价格是否便宜能直接评价，如果是批量销售，就需要动动脑了。

刚需产品是用户所需要的产品，对单个产品进行搭配，卖套装组合，就不需要面对激烈的竞争。刚需是基础，产品是要购买的，重要的是购买谁家的产品。配套组合可以满足消费者的刚需，还不至于让其对价格敏感。

赠品是一种增加附加值的服务。赠品的成本比较低，是不需要计入成本的。将低价的配件搭配进去，产品在价格上更有优势，在同行业的竞争中更容易获胜。

产品仅仅卖出去是不够的，还要让粉丝购买一次再买第二次，不断地重复购买，赚取回头客才能让利益持久下去。要提高产品的重复购买率，可以采用减法操作，对人员、产品和资金都合理运营，相关的元素要优化配置。对核心产品准确定位，产品可以缺乏竞争力，但是要有自己的特点，在粉丝的心目中能够占据特殊的地位。产品附加值要不断增加。如果产品不具有生命力，价格就会持续走低。将产品中融入文化，将特色表达出来，就能在互动中销售，提高产品的销售率。

◇ 02 短视频平台导流微信，挖掘精准用户

在推广产品的时候，要考虑到产品的特点，通过短视频播放出来。播放短视频的目的是进行产品推广。通常短视频的播放量主要是通过文案推荐来获得，要作出优秀的文案，就要和文案创作人员建立良好的关系，让他们推荐好的方法，让你的短视频获取更多的点击量。对于许多人而言，选择标题非常重要，确定标签也很重要，可以让更多的人观看短视频。粉丝数量对视频播放量有很大的影响，所以不要忽视与粉丝的互动，每天都要与粉丝之间建立良好的沟通。微信的用户是非常多的，微信传播量比较大，如果你想用短视频宣传一个品牌，可以选择微信平台。

我们在发布视频前要了解什么样的视频受欢迎，男性喜欢观看什么类型的视频，女性喜欢观看什么类型的视频。如果营销的产品是男性热衷的，在视频上就要加入男性喜欢的内容，这样男性就会在观看视频上花费更多的时间。拍摄一些偏向男性的视频内容，激发男性的兴趣，播放量就会增加。如果是女性喜欢的产品，可以播放一些与女性相关的短视频，对于年轻的女性群体，短视频的风格

可以搞笑一些。编辑短视频的时候，要与文案创作人员协商，用有趣的内容渲染氛围，适当提高背景音乐的音量也可以获得关注。想要深入了解粉丝的想法和意见，我们可以建立微信粉丝群，与粉丝深入互动交流。

短视频在播出后，如何发挥导流的作用，获得第一批用户很重要。首先需要做好视频维护关注，如果我们在此之前有微信粉丝群或者用户群，可以将微信粉丝导流到短视频平台上，在短视频平台上获得的粉丝也可以导流到微信群，形成良性互动。

微信的一个最大功能就是与用户交互。好的互动可以采用评论的方式，在评论区与粉丝互动，即便粉丝不观看短视频，也可以在微信上互动，拉近相互之间的关系。对粉丝的每一句留言都要关注，及时回复用户，让他们觉得短视频上的产品是很有价值的，还可以了解他们的想法以及意见。一旦粉丝养成这些习惯，就能够将普通粉丝变成忠诚粉丝，导流是没有问题的。在微信平台上引导互动，最好是讨论一些粉丝们感兴趣的话题，采用交互的方式将他们的思维逐渐转向产品。

比如，要将火山短视频在朋友圈发布，打开火山短视频，找到自己想要转发到微信中的短视频，打开播放短视频之后在视频的播放界面中的左下角点击转发按钮之后，就可以在微信朋友圈上看到自己的选项了，点击该选项即可。选择分享，可以在选择之后点击朋友圈选项。此时，系统会自动将短视频下载到手机上，然后就进入到微信中,点击"发现",点击"朋友圈"即可。将微信朋友圈打开之后点击"发布"按钮,就可以将短视频在朋友圈中发布了。点击之后可以选择"从相册选择"的选项,将手机相册界面打开,找到火山短视频之后点击。由于火山短视频通常会超过10秒,不能发布在微信朋友圈中,这就需要对短视频进行编辑,使用编辑器将视频裁剪为合适的播放时间,点击"完成"即可。将修改后的短视频在微信的朋友圈中发布,输入文字内容之后"发表"即可。打开朋友圈就可以分享短视频了。

我们也可以在短视频账号简介中留下微信号,加粉丝为好友,并将其添加到微信粉丝群中,自己在发布视频后可以第一时间在微信粉丝群中通知粉丝,自己推广的产品优惠活动也可以第一时间通知粉丝。通过微信粉丝群,可以进一步培养粉丝的忠诚度,也可以更好地实现变现的目的。

人们已经普遍使用微信了,而且不分年龄,即便是老年人也能玩转短视频。使用微信发布短视频,可以提高用户的参与度,起到吸粉的作用,请粉丝们为自己的短视频加油助威。随着短视频点击量的提高,受到越来越多粉丝的关注,就可以带入产品变现了。当然,使用微信也可以组织活动,让粉丝参与活动,获胜的人可以获得现金奖励。由此可以激发人的竞争力,在参与活动的过程中互动,产品的信息传播出来,可以发挥带货效应。在微信中观看朋友圈视频,能够娱乐,还可以获得现金奖励,这是一举两得的事情,谁不愿意做呢？现在，微信用户上传和分享的短视频数量已经明显增多，微信已经不单纯是聊天的工具了，还可以使用拍摄工具，用户使用即时视频就可以播放短视频，带货的效果是非常好的。

经常观看短视频的人明白，平台缺乏美观功能和编辑功能，更没有特效和贴图，这会使得短视频的带货效果大打折扣。使用微信传播短视频，可以使用"照片剪辑"完善短视频，也可以利用"视频模板"将自己需要的短视频制作出来。短视频在微信上发布的频率提高了，观众的需求得到满足，产品的信息随之播放出来，带货效应是显而易见的。

目前的短视频产业已经精准化发展，垂直化的内容受到欢迎。采用微信播放短视频，可以尝试使用互动视频，还可以用发红包的形式互动。明确微信朋友圈用户的需求，为他们提供精准的短视频内容，产品投放其中，对他们进行潜移默化的引导。虽然暂时没有购买欲望，但是对产品产生深刻的印象，随着互动的频繁，情感被带动起来，购买的行为也是必然的。

◇ 03 短视频+直播，卖货、打赏两不误

现在越来越多的人使用智能终端，如果仅仅用传输文字并配合使用图片的方式，是无法满足用户的需求的。通过短视频社交，让短视频的内容更加丰富多彩，并用个性化的内容将产品的信息传播出来，通过互动的方式对短视频中的产品予以探讨，为用户提供针对性的服务。

现在朋友圈中很多人在做直播，就是为了将产品卖出去。短视频直播是卖货的一个渠道，这也是非常受欢迎的玩法。可是，通过短视频卖货就能赚钱吗？短视频直播卖货已经形成市场，竞争异常激烈，不仅要求短视频的内容丰富多彩，还要将产品卖出去。怎么能做到直播和卖货两不误呢？

新媒体为短视频直播创造了条件。比如，抖音直播在一小时之内所卖出的货物量屡创新高，随着5G的普及，将来使用短视频直播卖货，将会颠覆传统的电商营销模式。经常看抖音的人都能总结出一个规律，凡是卖得好的，并不是一本正经地卖货，而是以播放短视频为主，将产品带入其中。用直播节目的方式带货，非常轻松，

又有些随性。如果一本正经地在镜头面前讲干货，恐怕不能获得良好的效果。短视频直播中可以与粉丝互动，将粉丝的购买情绪带动起来，或者是表演节目，或者是讲一些段子。在直播的时候都还要注重细节，欢迎进入直播间的人，对打赏的粉丝要说出对方的名字，表达谢意，让更多的人关注直播间。打赏比较多的粉丝，要用特殊的方式表达感谢，如唱歌或者在直播间互动，当粉丝提出问题的时候，要第一时间回答。对于粉丝而言，得到尊重一定是非常开心的，产生被重视的感觉。

互动是短视频直播中最为重要的东西，要和粉丝互动交流，而不是一味地传播短视频信息。否则，即便非常卖力，粉丝也不买账。短视频互动可以即时的沟通，这是其他视频无法做到的。

讲到短视频卖货，不能不提快手。快手传播产品信息的方式非常简单、直接，甚至可以说是粗暴，但易被粉丝所接受。

在快手中较为常见的画面是"老铁双击666""感谢×××送的穿云箭"。快手主播们不是一本正经地在介绍产品内容，而是说着闲话、喊着麦卖货，粉丝们对主播打赏，有欲罢不能之势。有的直播获得打赏的收入是令人想象不到的，可能达到百万之多。在直播平台上打赏10万不是罕见之事。根据2019年9月其中两天直播打赏排行榜的数据，就能发现排名前三的主播获得的打赏已经超过千万快币，这可是超过百万的收入。

现在的主播们在直播的过程中会与其他的主播PK，采用两个主播连线的方法，在规定时间内看谁能获得更多的礼物积分。在这个活动中，要对礼物榜单实时关注。主播要发挥粉丝团的作用，激起粉丝的好胜心，并且提供更精彩的表演，如此一来，不仅能收获更多粉丝，也能收到更多打赏。

很多人都认为靠直播卖货赚钱是个捷径，事实上主播们都是付出了辛苦，否则怎么会有超过百万的粉丝呢？有些人短视频直播的粉丝仅仅有几万人，因为没有很强的变现能力，所以赚钱数额也是有限的。

有的主播是从零开始积累粉丝的，让粉丝过万是不小的挑战，用直播带货不仅能吸引粉丝关注，获得打赏，也可以通过卖货获得收入。

一些短视频APP缺乏变现手段，直播可以获得比较好的转化效果。主播从平台获得虚拟礼物，这就是他的收入。从技术角度而言，直播是零门槛的，但也并不是所有的人都擅长直播。直播的时间有时是几个小时，为了让直播间气氛活跃起来，还需要讨好粉丝，让粉丝帮助主播赚取人气。能站在塔尖上的人毕竟是极少数，多数人都是在拥有一定量粉丝后用直播的方式打开变现渠道的。

在短视频平台上，也有一些人将直播作为产品信息传播的主要载体，以直播带货为主，以短视频带货为辅，以此实现变现的目的。

以火山小视频为例，打赏机制起到了疏通血管的作用。如果现金补贴是外部输血，那么，打赏则成为内部"造血"，可以作为内容标值，将小视频生态塑造出来。将优质的短视频内容转变为生产力，平台则是为达人提供变现的渠道，主播则可以通过官方提供的渠道直播带货。很多人对打赏机制不是很认可，认为头部内容更为重要，因为他们有强大的粉丝群体，而且流量的规模也非常大，可以获得客观的打赏收入。对主播而言，每一笔打赏都要重视，这不仅是对直播内容的认可，也是传达信任的方式。用打赏的方式鼓励，已经超过了金钱本身的意义。对于一些忠实粉丝，则可以将其加入粉丝群中，这些粉丝不仅会在直播中给出打赏，也会购买主播推荐的产品，是非常优质的粉丝，对于主播来讲，维护好这一类粉丝是非常重要的。

◇ 04 卖货短视频的推广技巧

并不是每个短视频都能起到很好的带货效应。一些短视频创作者才刚刚起步，他们非常重视文案设计，但是由于水平有限、资金有限，使得短视频带货不能获得很好的效果。一些人要卖女性产品，也有很多的粉丝，可是缺乏精准的女性粉丝，变现就很难做到。播放短视频变现的过程中，需要掌握一些技巧。比如，使用@抖音小助手在发布抖音的过程中，@抖音小助手很容易被抖音官方看到，如果视频的质量达到规定的标准，抖音官方人员很有可能将视频推上热门。运行抖音推荐机制，不仅是系统的智能化操作，其中也有人工的因素在里面。

视频质量要足够好，相信抖音这个短视频内容平台是首选。短视频的内容非常重要，保证内容的原创，还要给人新意，吸引粉丝的眼球。如果视频的质量比较差，即便是使用@官方工作人员也不能发挥任何作用。比如，抖音平台上的抖音小助手是抖音的官方工作人员，他会对抖音平台上传播的内容进行定期筛选，还要发布优质视频排行榜。所以，在发布短视频内容的时候，@一下抖音小助手的作用是不可忽视的。

怎么@抖音小助手呢？在视频撰写标题并发布过程中，要关注话题中的@功能，选择@之后好友页面会出现，列表中可以看到抖音小助手。在没有抖音助手的情况下，可以使用搜索的方式，搜抖音小助手，然后选择关联，一般你@了对方发布作品后，在对方的抖音号上面会体现出来。@短视频官方账号，能够增加你的视频曝光度和播放量，如果视频足够精彩，则有可能会被送上热门。

将短视频发到朋友圈中分享。平时在刷抖音短视频的时候，当看到自己喜欢的内容就发布到朋友圈中与朋友分享。抖音短视频是如何发到朋友圈的呢？首先将抖音中的短视频保存到手机相册中；将微信APP打开，选择"发现"页面，打开"朋友圈"；点击页面右上角的相机图标，也可以从手机相册中选择。在相册中找到自己的抖音短视频，点击"完成"，将有关的文字内容编辑好，点击"发布"。

抖音短视频起初是应用于自娱自乐的平台，还可以通过这个平台发起挑战性的话题，让用户们参与到话题当中，这不仅需要有较高的拍摄水平，还要让抖音视频充满乐趣。发起挑战性的话题，要确定版本号。当进入到抖音首页之后点击下方的"+"号，然后就会进入到视频拍摄界面，点击红色按钮就可以将自己感兴趣的内容拍摄为短视频。在进行短视频拍摄的过程中，可以观察最上方，这里显示有进度条。当完成拍摄之后点击"下一步"，就可以按照自己的需求将道具添加到其中，如果需要特效处理，也可以在这个环节实施；点击发布，短视频就能发布出去了。不要急于发布，找到"添加话题"选项之后，就可以找到当前的热门话题；参与到热门话题当中，就可以展开讨论。如果自己要发起新的话题，可以在搜索框中将话题的关键字输入进去。如果此时系统显示还没人发起过自己选择的话题，点击"发起话题"即可。

现在很多朋友愿意将自己的生活内容发布在抖音上，让粉丝们分享。抖音分享的视频有默认的封面，视频最开始的时候都使用这种封面。在设置封面的时候，可以将其调整为视频中最精彩的内容，提高粉丝的关注度。吸引人的眼球，那么，抖音视频如何更改封面呢？

当进入到抖音推荐页面之后，点击页面底部的加号，可以进入音乐选择页面。如果播放短视频的时候需要选用合适的音乐，选择好之后点击开拍。

在拍摄视频的过程中，要将自己的潜能充分发挥出来，才能将短视频拍得非常精彩。短视频拍摄工作完成后，点击左下角的封面编辑按钮，封面编辑页面呈现在眼前。选择封面的时候，拖动白色方框可以选择自己喜欢的画面作为封面，点击确定即可。

将短视频的封面选好之后，返回，继续进行其他视频编辑活动，或者点击下一步。视频的发布界面建立起来之后，可以抒发自己的感想，也可以针对某件事情说一说自己的想法，然后将短视频内容与粉丝分享。

一般来说，美女的头像很容易吸引男人的粉，而小鲜肉的头像很容易吸引女人的粉。如果每天面对的是爱美的女性，就要将头像打扮成美丽的妆容，让爱美的女性看到之后就有点击的欲望。

短视频要起到良好的带货效果，一个最基本的要求是保持短视频的原创。在自己编辑短视频的时候，产品是化妆品，就要将自己定位为化妆专家，不仅需要掌握化妆知识，还要具备摄影技巧。如果对化妆品不够了解，也无法有效吸粉，无法达到预期的带货效果。

除此之外，我们还要注意对当前最火的短视频、图片的内容以及标题等都要及时关注，并且将其合理改造，运用在自己的视频之中。将自己的短视频上传到平台之后，还要及时与粉丝进行互动，对粉丝好的评论点赞，更容易引起关注。如果有朋友在短视频平台上有自己的账号和相当数量的粉丝，可以邀请他们对自己的视频进行点赞和评论，这样也可以吸引对方的粉丝为己所用，大量地吸收粉丝，为带货创造条件。

◇ 05 推陈出新，不断放大现有品牌

企业要策划成功的推广互动，可以采用品牌代言的策略。但是，现在广告获客成本在不断提升，而短视频获客成本低，容易带来联动效应，给产品品牌的推广提供了一种新的渠道。想要通过短视频推广产品，首先要把短视频运营好，获得足够多的粉丝。在推广产品时要不断推陈出新，形成自己的特色。

不管是商家还是个人，想要通过短视频带货，就要让短视频始终保持新鲜感，通过短视频不断地挖掘产品的特色。内容创作者要时刻跟进短视频平台的热点数据分析，了解近期什么类型的视频更受欢迎，如何将自身的产品与该热点进行结合，如何在原来的基础上进行进一步的创新。只有不断地挖掘产品的品牌价值，扩大产品的影响力，才能起到更好的带货作用。

美妆品牌花西子之所以能够在抖音短视频平台上火爆，主要是因为一直有短视频达人通过视频进行推广，现场演示，并且每位达人所关注的点也不一样，他们都会找出产品最有特色的地方，这样一来，形成联动扩散，让花西子这一品牌迅速走红。

随着一些视频的传播，短视频主播就要大胆创新，对产品内容的宣传走品牌化发展道路。除品牌线之外，还要逐步向产品线转移，增强视频的冲击力，使得短视频内容传播保持持续性。

短视频的推陈出新还要把握住时尚。把看似本土的元素包装起来，在视频中采用网络热词、热点话题等热门元素，都可以起到很好的带货效果。

使用短视频发布系列故事也是产品推广的方法。每一个故事的结尾都会为下一个故事铺路，而主线的角色贯穿始终，因此，积累了大量的网友和跟风发布的新视频。

短视频策划要实现创新，就要在网站风格上加以确定，之后将一系列有趣的视频制作出来。使用微博营销的方法，在短视频中将主角的形象塑造出来，并推到网上。在介绍产品的时候，使用个人微博与粉丝互动，用可爱的语调将产品信息传递出去。粉丝数量会越来越多，有大量的追随者积累，就可以发布产品信息了，可以为后续发布节点信息创造条件。

对于企业用户来说，线上发布短视频的过程中，也不要忘记线下宣传。根据带货的目标对粉丝的喜好进行分析，宣传的时候，可以选择人群数量比较多的区域宣传，诸如火车站、重要街道的公交站等。为了将产品上市推向高潮，还可以与短视频平台合作开展活动。采用这种营销形式，产品会传播得更广，一些媒体还会主动对品牌宣传信息转载。

在短视频平台上，主播要每天用尽可能多的时间与粉丝互动，可迅速激活粉丝。与粉丝一对一交流，进而建立信赖感，让对方成为自己的好朋友。短视频直播中，要求每天花30%的时间给粉丝，让短视频有输出价值。要弄清楚你去分享的对象，也许他们是粉丝，也许是要买产品的顾客，也许是代理人。短视频要成功变现，就要知道粉丝需要的是什么，已经购买过产品的人和顾客还有哪些需要。

通过互动建立信任感，注意每天都要给粉丝输出价值，相互之间朋友相待，对产品的销售会起到推动作用。

现在短视频直播带货人员很多，但并不是每一个主播都能够成功。一些人使用短视频带货，可是卖不出去产品，没有销量就无法收到佣金。短视频的主播要成功带货，可以采用演讲引流的方法，主要的作用是将产品卖出去。主播要具备一定的专业知识，还要吸收成功者的经验。用短视频引流的方法，要求选好素材，将自己的联系方式融入其中，通过技巧性操作提高对粉丝的吸引力，让粉丝看到了你的信息，就会产生想要购买的冲动。

提升相关产品的影响力度，要创造独特的内容。在短视频内容中不仅有电影，还可以用动漫的方式体现内容。用这种方式激发粉丝的情感，引起的一种意外情感的颠覆。运动、健身、瑜伽是很多年轻人热衷的，这也是新生活方式的体现。如果不能够形成持续的内容，就很难获取非常有价值的粉丝。所以，要自带话题。作为内容创作者，一定要根据热点的变化，结合要推广的产品进行视频脚本创作，只有通过不断地推陈出新，才能让品牌影响力不断扩大，最终让产品成为爆款。

◇ 06 不可触碰的短视频红线

短视频平台要处于正常运行状态，就要按照规则进行，在法律法规规定的范围内开展业务。短视频平台的火爆，满足了公众多元化的信息需求，也很大程度上提升了互联网文化的影响力。但是，在短视频快速发展的过程中，也伴随着产生了许多负面现象。有一些网络自媒体为了博取眼球，吸引粉丝，会发布一些负能量的视频，比如低俗八卦、刻意炫富、色情、暴力、谣言、诈骗等。这些短视频不仅对良好的网络生态产生了不良的影响，还对人们的世界观、价值观产生了负面影响。

早在2017年，快手上就出现14岁少女晒怀孕的视频，还有自称00后的女孩晒怀孕照片。有网友在微博称，在快手上看到了14岁女孩怀孕视频，并配有视频截图，引起轩然大波。2018年3月，央视《新闻直播间》节目报道了这一事件。4月初，国家广播电视总局严肃约见了快手短视频平台负责人，并责令立即整改。

2018年，美拍短视频平台因整改不到位，疏于内容管理，出于博取眼球、获取流量的目的，传播未成年人衣着暴露、性暗示等低俗视频，国家网信办联合多个国家部门依法依规约谈"美拍"相关负责人，提出严肃批评，责令全面整改。

2018年6月6日，抖音短视频平台在搜狗搜索引擎广告投放中，出现了"邱少云被火烧的笑话"内容，违反了《英雄烈士保护法》和《广告法》的规定。北京市工商局海淀分局作出行政处罚，对两家公司分别罚款100万元。

2018年8月，国家广播电视总局再次重拳出击，整治网络不良风气，对"快手""今日头条""西瓜视频""抖音""火山小视频"五家公司作出警告和罚款的行政处罚。

短视频平台之所以不断出现问题，国家多次出手，也没有彻底根除，一方面是因为各大短视频平台野蛮生长，疏于监管，视频审核标准不一；另一方面是因为不少年轻人为了成为网红，不惜制作各种低俗不文明的短视频以博人眼球，甚至越过法律红线。

针对短视频内容审核标准问题，2019年1月9日，中国网络视听节目服务协会在官网发布《网络短视频内容审核标准细则》，其中明确了网络短视频中不得出现的21类、100项内容，其中包括美化反面和负面人物形象，宣传自杀游戏，以及"一夜情""丧文化""非主流婚恋观"等。

短视频平台应该在此标准的基础上严格自律，从严审核，一旦出现低俗、不文明的视频，要坚决一抓到底，绝不姑息，只有这样，才能把一些污染网络环境的短视频扼杀在萌芽状态，防止问题再次出现，只有这样，才能让短视频成为传播正能量的媒介。

据资料显示，2019年8月中旬，抖音已累计策略打压高危账号1.6万个，精准拦截预警超过35万次，永久封禁涉嫌诈骗账号累计2048个。2019年9月11日，快手也发布了封禁恶意炒作账号的处罚公告，对一批涉嫌低俗、炫富、扰乱社区秩序、有违社会公序的账号进行封禁处理。

作为短视频的使用者，无论是个人还是企业，一定要按照平台的规则操作，不要为了博人眼球而发布一些低俗不健康的视频，也不要传播非法广告、垃圾广告，更不要造谣传谣、侵犯版权，否则就会被惩罚，被降权，被限流甚至被封号。如果短视频越过了法律红线，违反了国家的法律法规，还会受到法律的严惩。

2017年，巴林右旗公安局接到上级公安机关的通报，一名巴林右旗的网民在快手短视频平台上传播暴力、血腥的图片。赤峰市中级人民法院针对这一案件做出了判决，该网民因宣传恐怖主义罪，判处有期徒刑三年，并处罚金人民币三千元；犯非法持有宣扬恐怖主义物品罪，判处有期徒刑一年，并处罚金一千元，决定执行有期徒刑三年六个月，并处罚金人民币四千元。

因此，我们在进行短视频制作时，一定要注意不要违背法律法规和平台的规定，要采用合法合规的方式发布短视频，进行广告宣传，售卖产品。很多企业和个人投放短视频的目的就是带货，想要获得收益，就必须按照平台的规则办事，否则触碰了红线，被平台封号甚至受到法律严惩，那么之前所做的努力都付之东流了。

想要取得良好的成绩，我们可以参考近期火爆的短视频，但绝对不能直接照抄搬运别人的视频。每个平台的短视频都是原创的，短视频的质量也要有所保证。大量重复性的内容早晚会被淘汰出局的。如果发布的视频违反了规定，就要面临短视频平台的查处。短视频平台会重新审核账号，之后根据具体情况采取降权的方法，或者使用限流的手段。只有有了良好的、规范的短视频环境，才能让大多数用户在观看短视频时有更好的体验。

在选择短视频内容的时候，具有较高敏感度的热词要保存好。作为文案创作者，要抓住热点，但是内容方面要符合短视频平台的要求。既然热点事件可以成为热点，那就意味着短视频的内容受到关注。所以，在视频中加入热点和热词也会提高视频的曝光率，但是要注意，热点和热词不可违规，才能获得更多的推荐。

短视频想要达到带货的目的，吸引粉丝是关键。添加标签的目的是寻找短视频的核心受众，并将视频直接放入核心受众群体当中，从而获得大量的点击量。例如，体育健身视频可以在标签上添加"健身达人""健身专家"等关键词；对于动画等内容，也可以添加"宅男""萝莉"等关键词。让粉丝看到关键词的时候，就可以推断出短视频要表达的内容。每个用户都有自己的阅读习惯和独特的用户画像。因此，我们在添加标签时，也要符合相关的规律和平台的规定，不可以添加一些不合适的词汇。否则，就会被降权或限流。

如果你不希望被平台封禁，就要按照短视频平台规定合理操作。短视频是给人快乐的，不要投放充满悲观消极色彩的视频，不要宣扬不良、消极颓废的人生观、世界观和价值观的内容。短视频内容不可以违背这个原则。否则，很有可能被限流或者降权处理。

如果关键词不符合有关的规定，或者使用带有广告色彩的词语，就意味着触碰了底线，后果是显而易见的。如果被降权、限流，还有挽回余地，但是想要重新恢复之前的状态是比较有难度的。

通常降权会使用如下的方法：你发布的视频只有粉丝能看到，别人是无法看到的；短视频内容只有你自己能看到，其他的人都无法看到；发出去的短视频等于没有发，发了等于白发。封号删号也是一种方式。如果你苦心经营的抖音账号就这样消失了，肯定会感到很惋惜的。

◇ 07 向超级 IP 方向迈进

新媒体时代，每个人都可以成为发布短视频的主人，并向超级IP迈进。现在启动短视频带货创业的人越来越多了，短视频主播不仅要具备人格魅力，还要为粉丝提供优质的内容，实现价值输出，让更多的人对发布的短视频产生兴趣，获得有着同样兴趣或价值观的粉丝，就可以创造社群经济。

原创能力非常强的莫过于牛哥微课堂、十点读书等，都是大号的IP，使用中并不会被流量所限制。相反，平台对有创作能力的人更加欢迎，因为他们能为平台创造更多的价值内容。

短视频在向超级IP迈进的时候，内容发挥着重要作用，我们要在短视频中将独特的魅力人格体体现出来。人格体则是超级IP的进阶层次。

"魅力人格体"是IP人格化的表现，不仅具备创造独特内容的能力，还有带货运营的能力。一个优秀的魅力人格体不会被平台束缚，而是可以根据自己的发展需要实现扩展。

这些内容创业的突出之处在于，不仅对品质要求很高，而且还要经营自己的魅力人格。对于内容创业的人，应该思考如何将内容IP化，并逐渐形成魅力人格体，帮助自己打开经济通道。

在2017年的"双十二"电商狂欢节落下帷幕之后，淘宝举办了别开生面的颁奖典礼——对22个短视频IP授牌，"超级IP入淘计划"被推出。淘宝通过运营这一计划就可以抢夺优质内容，将平台的核心IP打造出来。可是，当电商遇上内容IP的时候，淘宝真的能解决变现问题吗？毕竟变现是短视频难题。有一些网红播放短视频的时候可以将产品变现，这是由于其在使用短视频之前就已经拥有了大量的粉丝为自己助阵。

"双十二"这一天真的是狂欢日。淘宝这次的活动没有张扬，而是有些低调。在"映象淘宝官方"发布了预告微博，其中有宣传海报。然而，活动当晚，直播间收看的人数就超过2000万了。

据了解，映象淘宝是淘宝官方推出的精品消费短视频认证体系，"看精品导购视频，就来映象淘宝"。顾名思义，这一次的活动中焦点就是短视频IP。

"授牌之夜"从晚上6点半持续到8点半才结束。在长达两个小时的时间里，淘宝授牌颁奖稳定有序地进行着，淘宝官方针对"一星级栏目""二星级栏目"和"三星级栏目"三个等级进行了授牌颁奖。基于IP本身形成情感连接，差异化的魅力人格非常重要。没有差异如何区分呢？所以，有差异很重要，可以提高粉丝的识别力。没有差异化的魅力人格，它就不能够切实地发挥其价值，不能产生温度感，也难以让粉丝参与。

短视频的内容通常是真实的自我表达，真实而且差异化是重要的特征。足够独特的空间，能够让粉丝观看之后感觉到生活中存在的微妙变化。这种自我表达可以在直播的时候使用一些小动作，或者用手势互动。在文案创作中强调差异化的魅力人格，是通过情感映射，向观众表达内心真实的一面。这是一种移情的方法，可以引起共情。

打造个人IP对短视频带货有着非常重要的作用。一个人或一个账号一旦形成了具有自己特色的IP，可以让自己的短视频得到更大范围的曝光和关注，我们所推广的产品也更容易成为爆品。

想要打造个人IP，吸引大量粉丝，不仅需要优质的作品，还需要在短视频中展现自己独特的魅力，当你受到粉丝欢迎的时候，他就会围着你转。

James Currie提出，把"存储"改成"分享"，这样用户就会乐意向身边的人推荐。我们在购物的时候，经常会考虑到经济问题，因为通过传统渠道，获客成本较高，产品的价格往往也会比较高。只要根据粉丝的购物习惯设定短视频内容和传播形式，让用户享受这样的推广渠道并乐意向周边的人推荐扩散。在经过不断地裂变之后，忠实粉丝越来越多，超级IP也就形成了。

超级IP要的是自带话题。自带话题的势能价值已经被认可，很多人都愿意参与进来。我们把这样一种自带话题的势能价值叫作获取能量的能力,事实上就是靠低成本的流量获得较高的利润。如果一个IP不能够低成本地去获取流量,就说明其不具备超级IP能力。一个短视频账号只有自己运营成为一个具有超高价值的IP,才是真正的成功。

附录：

主要短视频平台发展概况及运营策略

◇ 01 抖音：记录美好生活

近年来，短视频已经取代了图文、长视频、纸媒等成为当下的主流传播媒体。其中最有代表性的就是抖音。该软件在2016年9月上线，2017年年初开始正式运营，并将自己定位为一个专注年轻人音乐短视频社区平台。

在抖音平台上，短视频制作者可以使用抖音选择自己喜欢的背景音乐，将自己感兴趣的画面拍摄下来，记录美好的生活，经过编辑处理后变成自己的原创作品，发布到社区上，将自己生活点滴与朋友分享，接受朋友的评论。抖音平台还根据粉丝的兴趣爱好一对一地推送内容。当用户在播放抖音视频的时候，视频背景会根据用户的个人喜好将相应的视频推送给粉丝。

定位于音乐、潮流的短视频，抖音并不是第一个吃螃蟹的。在抖音之前，还有腾讯的微视、新浪的秒拍、美图秀秀推出的美拍、小咖秀旗下的晃咖等，此外，还有从制作GIF图片转型为短视频平台的快手。在推出之时，抖音就面临着四面八方的压力。

背靠今日头条，抖音看似横空出世，其实是含着金汤匙出生。

得益于精准的算法和高转化的效果广告,今日头条强行拉高了流量的价值,并在2017年获得100亿的广告收入。更为夸张的是,2017年已经有7亿用户使用今日头条,而中国整体网民数量也不超过8亿。

自抖音短视频发布以来,流畅性非常好,包括拍摄以及文件的上传方面都做得非常好。抖音的竖直沉浸式观看交互使得用户门槛降低为零,用户接受抖音,同时抖音也推出了更多更好的短视频。抖音通过不断优化视频拍摄,增加美感,使用滤镜和贴纸处理,使视频拍摄更具有观赏性,令人产生愉悦感。

自从抖音正式推出后,以一匹黑马的姿态一路狂奔,横扫众多短视频软件,用户数量呈井喷式增长。抖音之所以能够发展得如此迅速,主要是因为它激发了年轻人的表现欲,迎合了时代的发展潮流,抖音的兴起一定程度上弥补了用户对于快速娱乐消遣方式的追求。

与快手的去中心化不同,抖音采用的方式是生产激励机制"中心化",内容分发机制"去中心化"。也就是说,抖音一方面通过与网红、MCN、明星等签约,保证优质短视频持续产出,并且还通过广告等变现手段进行激励;另一方面,抖音则采取"去中心化"的方式对短视频进行分发,通过算法来挖掘普通用户的爆款短视频,以保持用户的活跃度。这个得益于其学习了快手和秒拍的内容社区运营模式,并且吸取了它们崛起与没落的经验教训。

抖音的发展也并不是一帆风顺的,在发展之初,便在网上流传着一句话:"南抖音北快手,智障界的两泰斗。"短视频存在着众多不规范的情况,内容低俗、涉嫌欺诈、盗版充斥……2018年4月,针对抖音短视频平台涉嫌发布售假视频的报道,北京市工商局海淀分局对抖音的经营主体北京微播视界科技有限公司进行约谈;2018年7月3日,抖音海外版Tik Tok在印尼被封禁,理由是内容存在不良影响;同年8月10日,抖音因盗版等原因累计清理视频3.7万个,永久封禁3.9万个账号,抖音被警告和处罚。

在经过一系列整顿之后,抖音上的视频内容开始逐渐朝精细化方向发展,并且其整体发展速度并没有放缓,反而不断加速。截止到2018年11月,抖音官宣日活跃用户已经突破2亿。2019年8月,抖音第一届创作者大会在上海举行。在会上,抖音总裁张楠表示,抖音日活跃用户量已经突破3.2亿。

《抖音研究报告》中指出,抖音拥有1万多粉丝或1万多好评的顶级内容发布者中,有65.4%是20出头的女性用户。这一比例远高于男性用户的34.6%,而21~25岁用户占女性用户的50%。从地域分布上看,北京、上海、杭州的自助餐用户最为集中,主打内容大多产于北京、杭州、广州。49.1%的头部制作人是纯素人,内容集中在萌宠类和技术类。在城市一级,快手和抖音有一些不同。抖音的一线和二线用户比快手用户多,快手的用户主要集中在三、四线城市。从2018年一整年来看,抖音平台上海量的知识内容广受粉丝欢迎。知识类短视频的播放量、点赞量、作者粉丝数等,都远高于站内平均水平，知识类大V正在成为新的"网红"。

随着抖音短视频平台的火爆，越来越多的个人和企业加入进来，分享这一波流量红利。抖音平台上的算法是智能推荐，内容永远是第一位的，只有优秀的短视频才能被推荐成为热门。通过短视频带货或进行品牌植入，首先就是要让品牌植入与视频内容贴合，这样更容易被粉丝所接受。

在市场方面，由于抖音的推广和带货能力都非常强大，"95后"、"90后"为主体，达人扎堆，带火了多个现象级产品。在其他平台还停留在"签到做任务""看最新资讯"的时候，抖音上的用户却在看好玩、搞笑的段子，有趣的科学知识，感人的正能量故事，这些内容非常适合当下年轻人碎片化的生活，让其处于放松、随机、无意识的状态。在这种状态下，用户更容易对产品产生好奇心，会主动去问产品从什么渠道购买的，产品有什么功能之类。在抖音上，还有不少抖友会跟风购买抖音同款商品，拍摄同款视频，无形中带来了二次传播。

目前，在抖音上，一些拥有几十万上百万粉丝的账号，接一个广告就能收入数万元。有些带货能力强的达人，甚至一天就能带货几十万元。在抖音平台上，由于男女比例为4∶6，女性占比更高，并且女性的购买能力和购买欲望相对更强，因此，在抖音平台上更适合推荐美妆、护肤品、衣服等产品。除此之外，一些猎奇、有创意、性价比高的产品也非常受欢迎，比如小猪佩奇手表。

抖音的火热已经蔓延到了全球,截至目前,抖音海外版已经覆盖全球150多个国家,连续五个季度在苹果App Store下载量第一。抖音不仅给当下的年轻人带来了一种全新的娱乐形式,也创造了一种新的商业形态,成为许多商家和企业营销的前沿。很多普通人利用抖音账号实现了财务自由。目前,抖音仍处于高速发展期,玩法也越来越多样,仍有很多的商业价值等待着被挖掘。

◇ 02 快手：记录世界，记录你

提起短视频，我们首先想到的就是抖音和快手。快手的前身是"GIF快手"，是一款用来制作、分享GIF图片的手机应用。当时的很多作品是没有声音的，以GIF图片为主，后来GIF加入了声音。直到2012年，快手从纯粹的工具应用转型为短视频社区，用于用户记录和分享生产、生活的平台。

到了2014年，随着Wi-Fi和4G的普及，短视频平台迎来了爆发期。当时，无论是背靠腾讯的微视，还是美拍、秒拍，都采用了明星站台的运营策略，利用明星来吸引用户。而快手却反其道而行之，将目光瞄准二三四线城市用户，用普通人的成功，带动更多的普通人来加入这个平台。2015年年初，快手日活跃用户已经达到了1000万。而到了2017年，快手的日活跃用户达到了4000多万，腾讯斥资3.5亿美元投资快手，自此进入飞速发展期。

据报告显示，作为超7亿用户的"社区类短视频平台"快手，2017年以来日活跃用户数持续攀升，目前日活跃用户更是突破1亿。

快手与同时期的其他短视频平台相比，更加简单易用。快手的理念是记录和分享普通日常生活中有序的内容，以自然成长的姿态实现了爆炸式的成长。基于这样的价值观，快手不做任何的资源倾斜，不是依靠算法帮助用户实现共享，不受人群和地域的歧视。

快手的使用门槛低，用户体验非常简单，而且操作非常容易，随时拍摄，随时就可以发到朋友圈分享。快手族群倾向于乡镇。他们形成了真正的"本土文化"，并得到了共同的认可。这种文化不同于农村常态的文化和知识，而是在网络中自发形成的习惯于与互联网接触的用户，交流的主要内容是地方文化。快手所依赖的基础是运用人工智能算法实现个性化推荐。这一点也是存在负面影响的，快手平台上传播的短视频，一些内容比较暧昧、猎奇而且低俗，点击量比较大。自2016年以来，快手一直以其不光彩的姿态而闻名，并招致批评。

早在2016年6月，就有一篇题为《残酷底层物语:一个视频软件的中国农村》的文章在朋友圈中疯传，文章通过短视频软件快手解读了中国农村网民的生存现状。约架、炒作、自残、假慈善等背离三观的短视频在快手平台中频频出现，野蛮成长也带来了道德观的缺失，快手一直处于亡羊补牢的被动中。

随着舆论压力越来越大，快手也开始不断加大内容审核，一些有违常理、恶俗、道德沦丧、哗众取宠式的内容得到了遏制。目前，快手日均上传原创作品数1000万+。据快手的数据显示，其年轻用户分布广泛，覆盖率比较高的区域是在三四线城市，使用快手的用户学历普遍较低。是来自不同领域不同地域人们的真实生活的展现，卡车司机群体、养鸡户、冬捕……因此，快手并不是某一种流行元素的单纯的大规模模仿，而是能够让用户看到不重复的、精彩的生活，也从侧面反映了短视频行业内容发展愈加多样化。

快手创始人宿华认为，明星、网红，他们已经拿了很多的社会资源了，有很多的聚光灯打到他们身上了。反而是身边的普通人没有一个很好的平台，能够承载他们的生活的回忆。但是现在，快手已经越来越多地参与到创作者的运营里。2019年7月23日，快手针对创作者发布"光合计划"，宣布一年内将拿出价值100亿元的流量扶持10万个优质创作者。

据专业人士分析，目前快手带货的第一大品类是个护洗护，第二大类是食品和农产品。这也与快手的用户人群分布有关。一个较为普遍的认知是，快手用户中"小镇青年"的比重非常高。快手联合中国传媒大学广告学院和国家广告研究院发布的《到新线去·新线青年价值报告》显示，每年有2.3亿小镇青年活跃在快手平台，他们每年在快手上发布28亿视频，每年在快手上播放26000亿，每年在快手上获赞800亿，每年在快手评论互动180亿。

随着快手体量的发展壮大，也逐步开始了商业化尝试。快手商业化的第一步就是开通了直播功能。2018年，快手正式推出快手小店，支持快手主播在短视频、直播等场景内添加商品信息，直接引导粉丝在快手APP内进入合作商家的店铺进行购物。吃播网红"大胃王浪胃仙"在快手平台上粉丝近1600万。2019年10月,她在快手进行首次直播卖货,向粉丝推荐了盐津铺子、三只松鼠、百草味等20多个品牌的超高性价比产品,累计引导成交额超过1000万。

快手上线的"超级快接单"可以帮助快手红人和KOL快速对接广告主,快手平台上的"轮胎粑粑""小家悦"等网络红人直接接到了荣威汽车的邀请,创造出符合粉丝口味的广告短视频。

随着短视频行业越来越火爆,已经在短视频领域深耕多年的快手,在商业化方面取得了长足的发展。随着快手短视频平台审核越来越严格,视频内容越来越规范,商业化越来越成熟,未来必将会有更大的突破。

◇ 03 火山：让世界为你点赞

火山小视频是一个15秒钟的原创生活小视频社区，是今日头条孵化的产品。通过播放短视频，可以帮助用户快速获得内容，是自我独特的一面展示出来，赢得粉丝。在2017年，腾讯应用宝APP在5月发布榜单，火山小视频高居新锐应用榜首。为了鼓励优质、原创的短视频内容创作，火山拿出10亿用于火力现金补贴和达人养成。

2018年，火山"百万行家"计划正式开启，火山在一年内投入10亿元对各行各业的用户进行扶持，为职业群体提供展示自己的舞台。无论是职业人群、行业机构还是MCN都可以参加，展示的内容丰富多样，包括烹饪、装潢、养殖等，目的是为了让火山小视频成为真正的行业百科全书，让更多人感觉自己奋斗的成果能让很多人看到，是非常幸福的。

从火山短视频的特点来看，15秒的短视频添加文字涂鸦特效，将每一个生活瞬间都记录下来，用户可以展示才艺，也可以让自己的生活创意化展现，拍自己喜欢的内容，秀自己所想的。

极致视频特效是火山短视频的一个特色，美颜滤镜、背景音乐，合理使用就可以让普通视频变成上品。快慢镜、鬼畜视频编辑功能等都可以在制作短视频的时候体验。高颜值直播生活内容，拿起手机就可以直播，不需要怀疑自己的能力。左右滑动切换美颜滤镜，与粉丝之间的互动没有距离。想播就播，让自己的生活成为全场的焦点，受到关注。

火山小视频使用大数据算法，同步算出你的个性特点和兴趣爱好，定制有特色的短视频，直播更容易获得点赞，从评论到分享将个性化用户数据塑造出来，让火山越来越懂你，各种好玩的内容看也看不完。

火山小视频通过技术和平台交接营造社会氛围。直播室的功能促进主播和观众实时互动，视频的内容随时产生，观众通过赠送小礼物与主播之间保持互动。短视频上传奖励机制刺激了用户的社会需求。当用户上传视频的火力值达到一定水平时，就会得到平台红包。火山短视频有评论区，观看视频的用户可以相互点赞，并针对视频的内容作出评论，从而扩展了社交渠道，促进网络人际交往。

火山小视频根据内容数据和地理位置改编用户场景。在"视频"页面上根据不同时段推送的不同内容，可以满足用户的观看需求。通过捕捉用户点击的某一类视频内容的数据频率，及时、准确地向用户推送他们所感兴趣的内容。火山小视频中设置有"同城"页面，抓取同城用户内容之后采取集中推送的方式，让用户的真实空间距离通过虚拟平台拉近，用户的黏性不断增强。

2019年,火山小视频朝社群化方向推进,推出了"火山圈子"。通过圈子功能,志同道合的人群将围绕兴趣聚集,或者组建自己的圈子,找到更多兴趣同伴。每个人都能在火山的沃土找到自己的成长方式。

针对舞蹈、美食、旅行等分类,火山小视频开启了"千城美食猎人计划",线上与线下深度结合,不断深挖平台的内容价值。此外,火山还推出"短视频创新计划",推出多样"职业猎人",探索中国辽阔地域上各种各样的神奇职业。火山小视频头部内容聚焦于普通人的真实生活,如舟山焊工"女焊子沙沙"、持续普法的"朝阳律师"、免费教英语的"秒学英语陈老师"等。

火山作为今日头条孵化的产品,更像是对抖音的补充。火山和抖音一样,用户主要为三四线城市乃至农村的人。火山视频15到35岁之间的用户占据了70%,其中男性用户比女性用户多,男性用户占比57%,而女性用户占比为43%。与抖音相比,火山小视频内容更加偏向于吸引中年男性的话题,更加接地气。

火山小视频还上线了火山铺子,用户只需要进行实名认证就可以开通。火山平台上的嘉绒姐姐阿娟就是直播带货的一个典型例证。她的家乡盛产苹果、野生菌、当归等,但是因为地理位置偏僻,销路不畅,于是她萌生了用直播来卖特产的想法。仅仅在2018年一年之间,她就销售了价值300多万元的当地特产。火山带货和快手也比较相似,主要是日常用品、小吃零食、衣服配饰等价格较低的产品。

在火山小视频中,包含短视频和直播两个功能,短视频最长是15秒,优质原创作者可以开通30秒的权限。直播功能主要是通过观众刷礼物来挣钱,新主播与平台分利润一般都是3∶7,时间久了分润还会有所调整。短视频的原创度、点击量、播放量、评论数等都会影响到你的火力值,视频原创度越高就越容易获得火力值。与其他平台不同的是,火山小视频对短视频的原创度要求非常高,如果直接从其他平台下载后,上传到火山,是不予通过的,甚至还会被封号。

越来越多的普通工作者通过火山小视频被人熟知,他们的真实与美好因为火山小视频而呈现在大众面前。在火山,无论是从事何种职业,你奋斗的模样都会被记录,被人赞赏。

◇ 04 微视：发现更有趣

微视是腾讯旗下的短视频创作与分享社区。相比于抖音和快手，微视的发展更加坎坷。微视是在2013年推出的，在推出初期，靠众多明星聚拢了不少人气，用户量暴增。在2014年春节期间，腾讯邀请了影视明星为微视拍了一则电视广告。据当时的数据显示，微视的日活用户高达4500万人，春节期间，数百万人通过微视发布拜年短视频，总播放量高达上亿次。

在微视发展的早期，其定位十分模糊，打出的是"8秒无限欢乐"的口号。8秒虽然符合对短视频的定义，但是对普通用户来说，8秒并没有减少拍摄视频的难度，毕竟要想在短短的8秒钟内讲好一个段子或者一个故事，无疑是一件非常困难的事情。视频的短，并没有降低制作的门槛，反而提高了门槛。再加上早期手机拍摄的视频不清晰，微视也没有为用户提供滤镜等工具，很快便陷入了颓势。

随着美拍和秒拍的出现并急速成长，加上资金投入减缓，微视的发展一直不温不火，用户量逐渐下降。到了2015年，微视这款产品就被腾讯彻底边缘化，直到2017年4月10日，微视正式关闭。不过，这次的下线，是为了更好地回归。

2017年是短视频发展的元年，截止到2017年年底，中国短视频用户已经增长到2.42亿人。由于抖音和快手两大短视频平台已经养成用户习惯，腾讯想要争夺用户非常困难。"微视"的一个方便之处是可以绑定多个社交平台，诸如QQ、微信、微博等，所拥有的信息都可以一键式跨平台共享，获得病毒式传播效果，让微视频在受众中产生很大的影响力，用户的黏性也进一步增强。传统的用户自娱自乐的模式已经打破了，微视构建的社交融合可以让更多的人看到"微视"动态，之后根据自己的喜好确定短视频内容。

2018年，微视相继推出了四个重要的特色功能，分别是高能舞室、视频跟拍、歌词字幕和AI美颜美型滤镜。

除此之外，微视还打通了QQ音乐的千万曲库。腾讯还宣布，腾讯生态中的游戏、动漫、影视、综艺等内容都将为微视提供内容支持。

在2018年春节期间，微视还通过QQ走运红包发放微视礼包，吸引了数百万用户参加活动。数十位明星助阵拜年，并入驻微视平台。

到目前为止，依然有很多人对腾讯微视并不看好，微视也常常被人戏称为"扶不起的阿斗"。但是，腾讯依然对其抱有极大的厚望，并不断地为其提供全方位的支持。2019年6月，微视开始对"30秒朋友圈视频"功能进行内测。取得内测资格的用户，可以用微视发视频同步到朋友圈，时长最长可达30秒。此外，即使是已经发过的视频，也能同步到微信朋友圈。在对"30秒朋友圈视频"功能进行内测的同时，微视还上线了多款新的照片和视频模板，进一步降低了视频创作者的门槛，给用户带来了更好的体验。

微视推出的"30秒朋友圈视频"功能，突破了以往对短视频时长的限制，给了普通创作者更大的发挥空间，让他们能够创作出更多更好的视频，避免出现因时长导致的视频质量不佳的问题。随着短视频内容分化越来越明显，用户对视频的质量要求也越来越高，传统的15秒视频很难在时间限制内完成电商推广和新闻咨询的播报。微视推出的"30秒朋友圈视频"恰恰解决了这一问题，视频长短适中，既能满足创作者的需求，也不会让观看者感到厌烦。

微视的最大优势就是背靠腾讯，无论是QQ，还是微信，都有着海量的用户。在这些平台的全力支持下，微视短视频曝光量非常大。另一方面是丰厚的现金补贴，微视通过现金补贴的方式吸引更多的达人入驻，补贴对象主要为有表演能力的达人、萌娃萌宠、高颜值的帅哥美女、科技知识类达人等。现在对于微视来说其实是一个发展的黄金时期。毕竟，目前针对短视频应用的监管力度正在不断加大，抖音和快手都相对进入了增速放缓阶段。

用户想要通过微视短视频来赚钱，首先要注重内容。制作出能够吸引粉丝眼球的短视频永远是第一位的。在互联网时代，粉丝永远是第一位的，有了足够的粉丝，变现就变得水到渠成了。当用户吸引了大量粉丝的关注后，可以通过淘宝、公众号等渠道来接广告，在视频中进行产品植入。

微视还通过发布视频创作工具，进一步降低了视频制作的门槛，让每个人都有机会成为优秀的内容创作者，甚至成长为大IP。微视还用互动个人页面、泡泡贴、互动赞等功能，让平台的社交功能大大增强，同时也增强了粉丝的黏性，提升恶劣粉丝的影响力。

据了解，微视还将逐步推出"微视+电商""微视+应用下载""微视+直播"等新的商业变现渠道。微视正在不断地进行品类精细化运营，扶持优质的创作者，开拓更多的变现渠道，力争让所有的微视内容创作者都能通过微视得到更多的快乐和收益。

◇ 05 西瓜：给你新鲜好看

2017年6月，今日头条旗下的短视频业务"头条视频"正式独立出来，升级为"西瓜视频"。根据用户不同的登录方式，可以给用户精确的定位，内容的推送更加合理，让用户在第一时间体验到自己观看短视频和参与互动的乐趣。与今日头条类似，西瓜视频将视频分为音乐、影视、社会、农人、游戏、美食、儿童、生活、体育、文化、时尚、科技等多个类别。

在抖音和快手占据短视频领域绝大部分用户群体的情况下，西瓜视频似乎并没有什么存在感。它锋芒不露，看起来也没什么特点，但是却一直保持着持续而稳定的增长。在竖版短视频横行的时候，西瓜视频却将目光瞄准了横版短视频，走出了一条几乎没有人走的道路，并且取得了让人刮目相看的成绩——日均播放量超40亿，同时日均时长超70分钟。

西瓜视频之所以瞄准横版短视频，主要是因为目前依然有大量的专业制作团队在拍摄视频时，采用的是横版构图。横版构图已经是一条非常成熟的制作流程，横版构图和竖版构图相比，在视频范围上更广，表现力更强。西瓜视频在今日头条的引流带动下，拿下这个依然巨大的流量非常重要。

西瓜视频具有全民狂欢化现象。在西瓜视频软件中，用户可以录制短视频并将其发送到西瓜视频。用户在观看视频的过程中可以留言，体验互动的乐趣。在2018年年初，西瓜视频推出了"百万英雄"智力竞赛，视频中主持人会提出十二道选择题，问题涵盖了天文地理、人文历史、明星八卦等方方面面，用户答对所有题目之后，就能瓜分现金大奖。根据百度搜索指数显示，西瓜视频的搜索增长超过1000%，答题游戏搜索增长超过100%，增长幅度甚至超过了快手。

2018年，西瓜视频宣布投入40亿元正式全面进军自制综艺领域，打造移动原生态综艺IP，并且与银河酷娱共同推出"首档全民神操作挑战综艺"《头号任务》，还邀请了汪涵作为节目的主嘉宾。节目采用O2O的形式，让用户通过手机拍摄短视频参与到综艺过程中来，具有很强的互动性。这样的综艺短视频引流能力非常强大，很多用户在看完短视频后，往往都不会满足，会搜索更多更完整的视频来看，增强了用户的黏性。

在2018年年底，被欧阳娜娜带火的vlog，现在已经成为各大视频平台争抢的新领地。2019年，西瓜视频开始向vlog内容倾斜，并正式推出了"万元月薪"计划，设立了百万创作基金，亿元现金分成池，还投入了百亿流量，激励更多的vlog创作者拍出更好的视频，实现月薪过万。此外，西瓜视频还通过电商、广告平台等多种方式来帮助vlog创作者更好地实现内容变现。

到目前为止，西瓜vlog学院已经开设了十三期，培养了一大批vlog创作者，创作者在顺利毕业后，即可在西瓜视频上开通双标题和黄V。其中，西瓜vlog学院第一期最佳学员"小胡24小时"，在短短四个月的时间内就已经收获了24万粉丝，如今他已经实现月入过万。除了"小胡24小时"外，西瓜vlog学院还培养出了"廷酱""夏天vlog""小赵的欢乐日常""郑郑的vlog"等多位优质创作者。

西瓜视频由于其非传统的文化内核拥有非常高的下载量和点击量。西瓜视频也有恶搞和搞笑视频，但同时，西瓜视频融入当地的主流文化中，用文化提升吸引力。在变现方面，西瓜视频也是不遗余力，在2017年举办的首届西瓜PLAY视频嘉年华上，今日头条创始人张一鸣表示，未来西瓜视频将拿出20亿，推出"3+X"变现计划。

"3+X"计划包括边看边买、平台分成、直播功能、西瓜出品等一系列变现方式，西瓜视频真正实现了短视频、直播、移动综艺三驾马车并驾齐驱。在多种变现方式中，"边看边买"这一功能在短视频变现中发挥的作用最大。视频创作者可以在视频中插入想要推广的产品的卡片，用户在观看短视频时，如果对产品感兴趣，就可以直接点击卡片进入购买页面，直接下单完成交易。视频创作者可以从中获取一定的佣金分成。

一位来自广西的"巧妇九妹"通过录制短视频获得了巨大的成

功，她只用了20天的时间就卖出了90万元的橘子，平均每天卖出1万斤。西瓜视频网站平均每天补贴2000元，每次有人点击她的视频，她都会有收入进入账户。她过着与以前完全不同的生活，可以说是人生的一个华丽转身。

据了解，西瓜视频未来将会继续在多项垂直领域发力，对优质的视频内容提供更多的支持，不断引进更优秀的内容创作者来提供指导，还将通过个性化推荐来打造出优质的IP。西瓜视频将会继续在商业化的道路上持续推进，为普通内容创作者带来了更多的期待。

◇ 06 美拍：在美拍，每天都有新收获

在短视频领域，美拍并不像抖音和快手一样家喻户晓。但是，美拍的幕后公司美图，想必很多人都听说过。美图公司开发了美图秀秀、美颜相机、柚子相机等多款知名的软件，而美拍是其在短视频领域的旗舰产品。2015年5月，美拍正式上线后，更是受到无数少男少女的喜爱，连续24天蝉联App Store免费总榜冠军，并成为当月App Store全球非游戏类下载量第一，一时之间风头无两，甚至盖过了腾讯的微视。

靠着"颜值"起家的美图公司，所有的产品都是围绕着"美"而打造出来的，美拍自然也不例外。美拍是所有短视频中女性向和以美为调性最明确的产品。美拍根据人们追求美的天性需求，降低了创作的门槛，用户只需要打开美拍，点击拍摄，编辑栏就会出现美化选项，美化选项中又细分为美颜和风格妆，拍摄完成后便可以一键生成短视频并上传到平台。美拍还开发了三十多款十分经典的MV特效，只需要选择相应的特效，就能让你的短视频瞬间提升档次，拥有好莱坞大片的风范。美拍还推出了多张照片美化功能，只

需要选择3~6张照片上传到美拍,然后选择喜爱的特效,就能将简单的照片转化成为精美的照片电影。

在2016年,美拍正式开通了直播功能和礼物系统功能,无论是拍摄短视频还是进行直播,都可以通过礼物系统收到粉丝赠送的礼物。众多明星都在美拍进行了直播,除了明星之外,还有许多网红、媒体、品牌不断加入进来。截至2016年6月,美拍用户创作的视频总数已经高达5.3亿,累计直播900多万场,累计观众数高达5.7亿。到2017年1月,美拍的月活跃用户达到1.6亿。

美拍的社交氛围十分浓厚,最新数据显示,美拍的社区互动用户占比已经高达42%,个人主页播放占比达到了48%。用户使用美拍并不只是为了拍摄短视频或者观看平台视频内容,而是开始更多地关注视频背后的创作者,美拍的粉丝黏性在逐步提升。

根据美拍在2017年发布的《短视频达人发展趋势报告》显示,美拍用户的平均年龄为23岁,以一线城市和二线城市为主,男性占比为34%,女性占比为66%,由此可见,美拍对爱美女性的锁定非常精准。其中,视频内容主要以自拍、记录日常、搞笑段子等内容为主。音乐、美食、舞蹈、萌宝、女神等领域达人占比较高。

由于美拍的用户以"80后"和"90后"的年轻人居多,且多数为女性。他们很潮,喜欢个性化的产品,也希望得到专享服务,对各种新事物充满好奇心,并且适应力非常强。从购买力上来看,"80后"用户工作多年,有一定的储蓄,购买力比较强。虽然部分"90

后"用户工作时间较短,但家庭负担相对较轻,大多是自己挣钱、自己消费,而且有大量的可自由支配资金。一些"90后"的大学生的主要生活来源是父母提供,购买力也不可低估。用户有一定的购买力,产品就有市场。这就为美拍变现打下了坚实的基础。

2017年3月,美图公司就已经发布了主打时尚社交购物平台的首款电商产品"美铺",同时还亮相了时尚定制产品"美图定制",正式迈出了美图电商化战略的第一步。2017年5月,美拍又推出了"美拍M计划",是国内首个短视频营销服务平台。"美拍M计划"上线五个月,已经有上千名达人入驻,广告视频播放量达到了6亿次,为广告主创造了超过2.4亿元的商业价值。

美拍上线的"边看边买"不仅支持短视频中卖货,还能够在直播中卖货。"边看边买"给用户更好的观看体验,让内容和商品进行了完美结合。用户不仅可以在短视频的下方展示商品,还可以将商品链接添加到视频中,当视频中出现商品时,就会出现对应的商品标签,用户只需点击标签就可以购买产品。

美拍主播"喵大仙带你停药带你菲"在美拍上以拍摄各种搞笑短视频为主,被粉丝们戏称为"段子女神",她拥有347万粉丝,通过制作和演出广告影片视频,月收入已经超过百万元。除了广告变现外,还可以导流电商变现,比如美拍主播HoneyCC,她凭借一条短视频就卖了自己淘宝店3万条牛仔裤。

2018年,美拍的月活量大幅下降,同比大跌60.3%。截至2018年年底，美拍每月付费用户下降至13.74万。美拍所面临的形势十分严峻。目前短视频行业越来越火热，但是美拍却越来越低调，变现越来越困难，很多达人也退出了美拍平台。希望美拍在未来能够顶住抖音和快手的压力，走出低谷，再次走向辉煌。